新装版

心がやすらぐ魔法のことば

山崎房一

PHP文庫

○本表紙図柄＝ロゼッタ・ストーン（大英博物館蔵）
○本表紙デザイン＋紋章＝上田晃郷

はじめに

有楽町のマリオン十一階朝日ホールに着いたのは午後五時すぎ。受付で、ザ・シチズンズ・カレッジ事務局長の石原さんが私を待っていてくださいました。ホールの中を通って講師控え室に案内される石原さんに言いました。

「幕があがったら聴衆は三人……ぞっとするような夢を見ました。大丈夫かなあ。

歌手の故東海林《しょうじ》太郎さんは北陸で大雪の日、観客たった四人の劇場で、プログラム通り手抜きせず全曲を直立不動の姿勢で熱唱されたことがありました。座席がガラガラに空《あ》いていても東海林太郎さんのように私もがんばります……」と。

六時四十分、開演時刻となりステージ横で石原さんが私を紹介されました。見るとホールはすでに満員で、うしろの方では席が無くて立っている人たちさえいるほどでした。

無我夢中《むがむちゅう》のうちに話し終え、驚いたことに拍手がいつまでも鳴りやみませんでした。

「聴衆の皆さんの顔が講演前と講演後では驚くほど変わりました。気持ちが楽になったんですね。非常に明るく自信に満ちた顔で帰って行かれるのです。私はたくさん講演のお世話をしてきましたが、こんな強力なインパクトは初めてです。来年は千席入るホールでやりましょう」と、石原さんは私に念を押しながら労をねぎらってくださいました。

マリオンでの講演が終わって私はうれしいというより、何よりほっとひと安心したのでした。

ニューヨークの松本さんからも激励の電報が来ていました。

松本さんは軽い対人恐怖症だったのです。人に顔を見られるのがいやで、いつも俯《うつむ》いて歩いていました。昼食のときは社員食堂の隅《すみ》っこでひとりぼっち。同期が次々に課長に昇進している中、松本さんだけ名刺《めいし》に肩書きのない日々が続きました。

奥さんのすすめで「父親講座」に参加したのが松本さんの転機となりまし

た。課長代理、課長と短期間でトントン拍子に昇進、ついには、ニューヨーク支社の次長に抜擢《ばってき》されたとのこと。

松本さんだけでなく「父親講座」修了生たちは、まわりの人々から押しあげられているようです。

人生の道を歩んでいる勝者とは、生きている命の不思議さに感謝し、楽しく幸せに生き、まわりの人々を幸せにする人のことである、と私は思っています。このような人々の心の持ち方にマリオンで話した『百点満点のマインド・コントロール』などを含め、私の体験を本書にまとめました。

自分の殻《から》を破りたい人、自分を変えて積極的に生きたい人など、それぞれの願望が本書によって実現へのヒントになればと願い、精魂《せいこん》こめて書きました。

心に響いたことを、ほんの少しでも実行してみてください。何らかの変化が感じられるでしょう。お約束します。

山崎　房一

［新装版］心がやすらぐ魔法のことば

◆目次◆

第二章　自己を解放する——61

第二部 効果的に生きる

第三章 人生設計 181

第三部　あたたかい家庭をつくる

第一章　やさしい言葉はいのち——227

本文イラスト／茨木祥之

第一部

自分を生かす

第一章

自分をつかむ

◇自分を責めない

私の足が急に止まった。雨あがりの銀座四丁目の歩道を歩いていた。歩道の水たまりに私の顔が映った。

誰《だれ》かが、さっと私の肩から重い荷物を取り去ったように体が軽くなった。

『そうだ。この世に生まれる前に「良い心と悪い心を入れてください」と神仏にお願いしたことはない。したがって、悪い心の存在は私の責任ではない。安心していい。自分で自分を責めることは馬鹿《ばか》げている。やめよう』

そう気づいた瞬間、それまで両肩にのしかかっていた自責の念の重圧が、ウソのように消えてしまったから、うれしくなった。

とは言っても、善悪どちらの声に従うかという決定権は私がもっている。それに従った結果は、もちろん、私の責任である。

一九七二年九月五日、私の心に起こったこの変化は、今、振り返ってみると、価値ある楽しい人生への第一歩だった。

◇自分探しの旅

「これはボクの手」

「これはボクの頭」

「これはボクのおなか」

「これはボクの足」

一体全体、ボクはどこにいるのだろう。

こんな素朴《そぼく》な疑問をもったのは、私が小学五年生の秋のこと、今もよく覚えている。西の空を真っ赤に染めながら、まぶしい太陽がだんだんと山影にかくれていく。あたりはすっかり暗くなって東の空にはもう一番星が輝いて、それをじっと見ていたときだった。

どんなボクがボクなんだろう。自分にはボクがわからない。

母の言葉だけを頼りに育った。

母は仏さまを深く信仰していて、お寺へよくお参りに行った。住職さまのお説教を聞いては感心し、夕食のときなど幼い私たちにその有り難いお話をしては、いつもこうつけ加えて私たちに念を押したのである。

「人さまによろこばれる人間になりなさい」

「人さまのお役に立つ立派な人間になりなさい」

「自分のことより、まず人さまのことが考えられる人間になりなさい」

「陰日向《かげひなた》があってはなりません。見えないところに善行を積みなさい」

「心に悪いことを思ってはいけません」

「人さまが見ていなくても、心の中や行いのすべてを神さまや仏さまがちゃんと、見ておられるのです」

他人から嫌われる不幸な子よりも、みんなから愛される幸せな子にしたい。母はそう願っていたのでしょう。このように、母が繰り返し繰り返し念を押して私の心の中に叩《たた》きこんだ言葉は、極端な表現になるかもしれないが、要約すればこういうことになるのではないでしょうか。

『自分のことは考えないで、よろこんで他人の犠牲《ぎせい》になりなさい』

『他人の機嫌をとりなさい。嫌われてはいけません。他人を自分の人生の主人公にしなさい』

『あなたは、あなたであってはいけないのです』

「三つ子の魂百まで」という諺《ことわざ》通り、幼い心にこのような言葉が繰り返し繰り返し叩きこまれた私は、すっかり自分がわからなくなってしまったのです。

臆病《おくびょう》で落ち着きのない子、他人の目が気になるどころか、他人がこわい。他人が自分をどう思うか、四六時中気を遣《つか》う。相手の気持ちを先取りして一生懸命つくす。それでいて、相手から私が期待している通りの感謝の言葉が返ってこないとイライラする。いくら他人につくしても、私の心の中は不安と不満がうず巻いている。自分を否定しているから、まわりの人も否定してしまう。何もかも否定して、否定の人生になってしまっていた。

だから何をしても面白くない。気疲れと頭痛に悩まされ、寝つきも悪く、眠りも浅い。

自分が自分であってはいけないと思うくらい重苦しいことはない。ほんとうに楽しくない日々。このような生活から何とかして抜け出したい。そのためにはキリスト教の牧師かお寺の坊さんになればいい。私は大まじめにそう考えたものだった。

わからない自分を求めて、自分探しの旅が始まった。苦しくて悲しい淋《さび》しい長旅。敗北感と空《むな》しさが私の心を吹き抜けていく。

『自分はどこにいるのだろう』『どこで安心できるのだろうか』、そう思いながら自己嫌悪のとりこになっている。

生きていることに、疑問さえもつようになった。

◇心の問題は自分で解決

長年私の足を洗うようにして私を導き育ててくださった恩師は、元ニューヨーク大学宗教歴史学教授A先生である。キリスト教の牧師を兼ねておられた。言うまでもなくA先生は敬虔《けいけん》なクリスチャンであり、いつも私にこう教えられた。

「クリスチャンとして深い信仰生活をするには、日々十字架《じゅうじか》の体験をすることです。

Iは、私ということ。そのI即《すなわ》ち、私を横に切ると十字架になります。神さまに自分を捧《ささ》げつくして、神さまのお導きによって生きるのです」

この先生の教え通りの信仰生活に入りたいと私は一生懸命努力した。しかし文化の違いか、仏教徒として育ったからか、A先生の教え通りにすると自分で自分を生殺《なまごろ》しにしてしまうことになってしまった。なぜなら、I（自分）を横に切るという十字架は、即ち、完全な自己否定だったからである。あるいは、キリストさまに自分の人生をハイジャックさせることだったのかもしれない。生殺しの私、煩悩《ぼんのう》の多い私にはキリスト教の神髄《しんずい》がわかるはずもなく、罪悪感のとりこになってしまうばかりであった。

A先生自身も、生身の自分とクリスチャンとしての信仰とのギャップで悩んでおられたことは確かであった。

自己否定しながら生きることは、虚無《きょむ》の世界を生きること。全米で大ベストセラーになった『はてしない物語（The Never Ending Story）』の主人公、アトレーユの二の舞の人生をおくるようになってしまうかもしれない。

仏教や心の病の治療で世界的に有名な療法《りょうほう》では「自分の心の安定を得るには、あるがままの自分で生きるように」と教えられているが、どの程度のあるがままでいいかがわからない。

心理学、特に交流分析では「アイ・アム・オッケイ（I am OK）、ユー・アー・オッケイ（You are OK）」を学ぶ。しかし、どの程度のOKでいいのか迷ってしまう。頭でわかっていても胸に落ちてこないからである。

自分の生身の性格を分析してみても、その効果はさっぱり感じられず、言葉の遊びのようで無駄《むだ》なことだった。

暇《ひま》があればというより時間を作って宗教や心理学、催眠術《さいみんじゅつ》などの本を読みあさり、心のやすらぎを求めてあちらこちらとさまよい歩いた。そのためにお金も随分《ずいぶん》使った。どこへ行ってもごもっともな話で感心はするけれども、私自身が心の底から求めている問題に対する解決の糸口にはならなかった。その人が発見したよい方法は、その人にとっては満足であっても、私に適用したところで、それはやはり借り物でしかないからである。

有名な先生であってもすべて解説者でしかなかった。二度と再びやってこない人間の過去を根拠にした知識であり学問で、「今を生きている人間にとっては無意味で、根本的解決にはならないのでは」と疑問をもった。

そこで、自分の心の問題は、人に頼らず自分自身で解決しようと模索《もさく》し始めた。

ミシガン湖のマキノ島にいたときだった。誰もが寝静まったあとの暗い湖畔《こはん》に私は出て行った。湿った砂の上にひざまずき目をとじ、「神さま、助けてください。嫌《いや》な私と別れ、生まれ変わりたいのです」と、祈った。

鉱石船の汽笛《きてき》が遠くで鳴った。足もとの大きな石を拾い、「これが私です」と、力いっぱい湖面に向かって投げた。

ドボンという水の音、波紋《はもん》は次々と星影をくずしながら闇《やみ》の中に消えていった。

生まれ変わったような気持ちになった私は、宿舎へと歩いて行った。しかし、その気持ちも湖面の波紋のように、たった二日で元の木阿彌《もくあみ》になっている。このようなことを、今までに幾度繰り返してきたことか。

清くて完全無欠の自分を求め、今の自分を否定しては、心の問題は解決できない、ということが私には分からなかったからだ。

◇そのままの自分に百点満点

昭和四十七年の九月、陽光学院を創立。今では生徒数も千百余名となった。私は子どもたちが大好きである。創立以来、小学生に英語を教えている。彼らが一生懸命書いたノートに上手下手で差がつけられず、そのままを認めて一ページ一ページに赤ペンで五重マル、百点と大きく書いてあげました。すると子どもたちは自信がつくのか、馴《な》れない英語も集中して取り組む、字がとてもきれいになる、気持ちが安定するのか目が輝いてくる。

これをヒントに私は、そのままの自分に百点満点をつけてみた。

驚いたことに、気持ちがとても軽くなった。「すっかり変わりましたね。元気が溢《あふ》れていますよ」「どうしましたか、若くなって」と友人に聞かれるほどでした。

『そのままの自分でいい。そのままの自分で百点満点』

自分で自分自身を百パーセント肯定したのである。他人に対する恐れ、思惑《おもわく》など、私の心の中から消えてしまった。

生まれて初めてと言っていい、私は自分が自分の主人公になって二本の足で大地に立ったのである。目の前が大きく開けたように感じられた。長年の間、あれほど苦しんで自分を変えよう変えようとして変わらなかった自分。もう変わらなくていい。変えなくていい。そのままの自分が百点満点だ。そう肚《はら》を決めたことで楽しい自分に変わってしまった。何よりも自分が自分に安心したのである。

そのままの自分でいい
そのままの自分が百点満点
そのままのあなたでいい
そのままのあなたが百点満点

温かくて、つつみ込まれるようなやさしい言葉。この言葉が私の心の問題のすべてを解決してくれた。なぜなら「そのままの自分でいい。そのままの自分が百点満点」ということは生命誕生の原点であり、その原点に還《かえ》る、即ち、本来の自分に戻ることであった。そして、人間は『そうだ、そのままの自分で百点満点だ』と納得した瞬間に変わるものだということもわかったのである。

◇お前は駄目な奴!

「お前は駄目《だめ》な奴《やつ》!」と
いくら ひっぱたいても 責めても
逆に ほめても おだてても
どうにも こうにも ならない自分
ほんとうに

そうだから
自分を あれこれ
思いわずらうのを やめて
どうにも こうにもならない
そのままの自分で いこう
もともと
そのままの自分で よかったんだと

気づいてみたら六十路《むそじ》

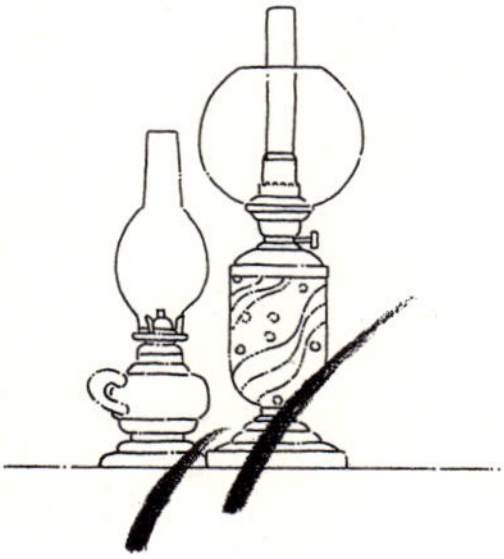

◇そのままの自分でいいのだ

「そのままの自分でいいのだ」
「自分を変える必要はないのだ」
「そのままの自分が素晴らしいのだ」、
そう気づくまで
私は六十年も
あちらこちらを　さまよっていました
もう少し早く気づいていたら
と思うこともありますが
私にとっては
それは　それでよかったのです

◇自分をつかむ

そのままの自分を認めると
　安心できる
　自分がわかってくる
そして
　自分を　しっかりつかむことができる

ありのままの自分が自分だから
　それ以外の自分は
　　この世のどこをさがしてみても
　　いやしない

◇人間だから

人間だから
　よい心や　わるい心
　　長所や　欠点が
　　　あるのが当たり前
そのままの自分でいい
そのままの自分で百点満点
　そう知ったとき
はじめて自分の心は
　自分の中に安住の地を得
自分探しの
　長い長い旅が
　　終わった

◇あなたも私もみんな百点満点

神さまは
　小さな池を泳いでいる　メダカにも
　湖水に浮かぶ　白鳥にも
　柿の木にとまっている　カラスにも
　どぶを走る　ねずみにも
　動物　植物　すべて平等に
　百点満点をつけて祝福されている

メダカも　白鳥も　カラスも　ねずみも
自分は百点満点だと　素直に
神さまの祝福を信じて満足している
だから

自分について　何一つ
不安や心配　迷いがない
それぞれが　今日一日を
精いっぱい生きている

それなのに　利口ぶった人間は
「おれたちは万物の霊長《れいちょう》だ」と
勝手に思い上がってしまいました
偉《えら》くなった人間さまは
神さまが自分に与えている百点満点が
見えなくなってしまったのです

神さまに代わって
　人間が周りのものを評価するのです
メダカはかわいいから　七〇点

白鳥は美しいから　　　　九〇点
カラスはいやだから　　　三五点
ねずみは嫌いだから　　　一五点
感じるままに点をつけています
人間は貪欲《どんよく》で
それでも満足できないのです

こんどは周りのものを
「ああだ」「こうだ」と比較しはじめ
善悪　美醜《びしゅう》　清潔不潔　完全不完全
優等劣等　一流三流　利口バカ　速い遅い
利益損害　成功失敗　長所短所　陰日向
表裏　右と左　東西南北　有罪無罪
それらの言葉を発明したのです

そうなると人間の目には
そこにあるもの　そのままを
見ることが　できなくなりました
こだわりのメガネで見るからです
欲の深い人間はイライラしながら
「これは好き」「これは嫌い」と
人びとや　ものを　差別するのです
威張《いば》った人間は
それでも　まだ幸せだったのです

ところが　あまりにも身勝手で
感謝の気持ちを失った人間を見た神さまは
激怒して　こう叫びました
「身のほど　知らぬ人間ども
まったくけしからん！

わたしの創造物に
わたしの意向を無視し
好き嫌いで
勝手に評価し
点数をつけて差別するとは！」

考え込んだ神さまは　こう決意されたのです
『百点満点の素晴らしさ
ありがたさがわかるまで
人間どもを苦しめるぞ！』

そこで　神さまは
人間の目をまともに　自分に向けさせた

さあ　たいへん！

欲が深くて　見栄《みえ》っぱりの人間は
いっぺんに自信を失ってしまいました
他人と自分を比較し　評価し
自分に落第点をつけて
自分を責め　焦《あせ》りはじめたのです
自分が嫌いになった人間は　絶望し
自己否定のせいで
心も　からだも　調子が狂って
この世の生き地獄を這《は》いまわっている
子どもまでも　道づれにして……

葛藤《かっとう》に苦しむ
哀《あわ》れな人間を見て
「わたしが　お前や子どもたちに与えた
百点満点をお前自身で気づくまで

骨身にこたえるほど
苦しむほかはない」
そうつぶやいて
諭《さと》そうとしている
神さまの目には涙がいっぱい

◇自分に百点満点をつけてこそ人生の出発点

苦しみぬいた人間は
威張ったり　偉ぶると
たとえそれが目の前にあっても
ほんとうのことが　見えなくなるということが
やっと　わかったのです

神さまの前に　ひれ伏した人間は
「ほんとうに悪うございました　許してください」と
心から謝りました
「これからは評価したり　比較したり　差別することは
いっさいいたしません
神さまが　私のような者でさえ

そのまま私に　百点満点をつけてくださっている深い意味が
今やっとわかりました」
神さまは笑顔で
「よくわかってくれたな　安心したぞ
その素直さと　感謝の気持ちがあると
物ごとの本質がわかってくる
謙虚とは　ありがたさのわかることだ
わたしがお前を何度も何度も許すように
お前も自分を許すこと
他人も　もちろん許すこと
〝許す〟という二文字を忘れてはならない」
そう言いながら
神さまは　人間の頭を　やさしくなでて
慰《なぐさ》められました
「そのままの自分に百点満点をつけ

自分は百点満点だと信じて
百点満点を基準に生きること
いいかな　それが人間の精神的土台なのだ
そして　もし　間違ったなと気づいたら
手直しすればいい
そのように気づいた自分が百点満点
そのままの自分が百点満点だとわかったら
頭の中がスッキリして
頭の切り替えも　はやくなる
そうすることでのみ自己統一ができ
人生の出発点が見える
人間は　自分は百点満点だと納得すると
自分が　自分から解放され
〝いのち〟を最大に生かし
完全燃焼することができ

こころ豊かで
楽しい人生をおくることができる
これから　お前は日々　驚くほど
大きく成長するだろう」
「神さま
自分が百点満点だと信じて生きると
再び　威張ったり　偉ぶったりしないでしょうか
それがとても心配です」
と人間はききました

「大丈夫だよ
わたしが　お前に百点満点を与えているのだ
その責任は　わたしがとろう
自分に四〇点をつけて謙虚を装《よそお》う人間は
六〇点ぶん欲張りになって焦り

三〇点をつけていると
七〇点ぶん欲張りになりイライラする」

「神さまが　私の子どもたちにも
百点満点をつけてくださっていることがわかりました
神さまが　私を百点満点で
見守ってくださっているように
私は妻やわが子を
百点満点で見守ります」

「お前は生まれたときからそのままで
百点満点だよ　自己否定するな」

「やっと私がどんな自分で　どう生きたらよいかわかりました
ありがとうございます」

そう言ったとき
人間の胸は熱く　いっぱいになり
神さまへの　感謝の気持ちが
からだ全体をつつみました

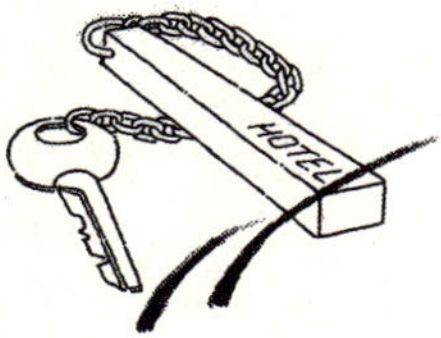

◇無理して自分に百点満点をつけよう

人間は　だれでも欠点がある
その欠点を見て　自分に四〇点をつけると
四〇点のような気分になって
四〇点の行動をするから
四〇点の人生を送ってしまう
自分は四〇点だ　と思い込んでいると
いくら努力しても
四〇点を五〇点にするのは不可能だ
自分に百点満点をつけよう
自分は四〇点だな　と思っていても
無理をして百点満点をつけていると

自然に自分の古い殻が破れて　新しい自分に変わる

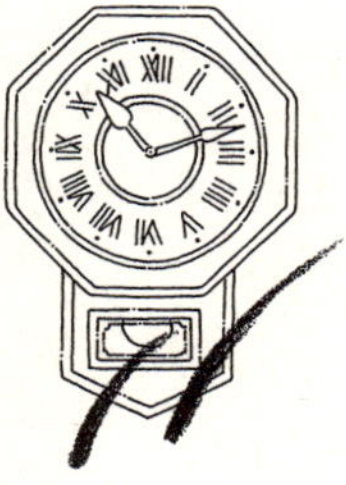

◇もともと自分は百点満点

友人を　二階の　窓へ押し上げようとしても
重くて　なかなか上がらない
二階の窓から　友人の手をとって
引き上げると　容易に上がる
自分は四〇点だ　と思い込んでいる自分を
五〇点に押し上げるのは　不可能だ
百点の窓から　自分の手をとって
さっと引き上げれば　容易に上がる
もともと自分は
そのままで百点満点
その百点満点を基準にして
気づいたことを手直ししながら

生きていこう……

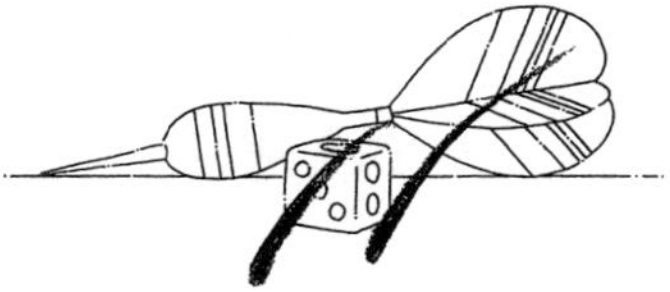

◇今日一日を楽しく

今日一日を楽しく
生きようと思うなら
そのままの自分でいいのだと
安心する以外
方法はない

◇自分を生かす

自分とは
自分がこころに描いている
自分が自分

自分が
そのままを百パーセント肯定したとき
躍動する自分に変わり
自分を百パーセント生かすことができる

自分の人生だ
楽しい
生き甲斐のある人生をおくるために

ちょっとでも
自己否定するのを
やめよう！

◆自分を生かす原則①◆

◉開き直って自分を百パーセント肯定する。

◉決して自分を責めない。

◉そのままの自分で百点満点で生きる。

第二章

自己を解放する

◇淋しさとは

淋《さび》しさとは
自分が自分を見失ったり
自分が自分であることを否定したりして
孤独感と罪悪感の殻《から》に
とじこもってしまうことです

淋しいと
他人を愛することも
他人から愛されることもできない
しかし　要求ばかりが強くなって
ますます淋しくなるのです

淋しい人は
否定した自分を探し求めて
あちらこちらをさまよい歩いて
遂《つい》には袋小路《ふくろこうじ》に迷い込んで
病気になってしまいます

◇不安の心からの脱出

重症、軽症にかかわらず、うつ病、対人恐怖症、無気力、不眠症、自信そう失、出社拒否など心を病《や》む人が増えている。

心を病むと、それが体に影響して心身共に病気になってしまう。なかなか治りにくく、入退院を繰り返し、本人にとっては地獄《じごく》の苦しみ。

元気でまじめな人が、交通事故のようにある日突然うつ病になるからこわい。そのような人は自分で自分をがっちりと束縛《そくばく》し、逃げ道をふさいで責めつづけているのである。

老若男女《ろうにゃくなんにょ》、年齢に関係なく、不安になったり、気持ちが落ち込んだりする心の病の原因は二つ考えられる。

一つは、淋しさ（孤独感）である。

人間の三つの本能（食欲、性欲、集団欲）のうちの集団欲が飢餓《きが》状態だから淋しくなる。

人は動植物から完全に遮断《しゃだん》された独房に長期間入れられると発狂してしまうのはそのためである。

人は誰でもこの世にたったひとりで生まれてきて、やがてひとりで永遠の旅に出ていく。

人は生まれながらにして、ひとりぼっちで孤独なのである。

「自分にとって淋しさは当たり前のことだ」と肚《はら》を決めてしまえば、このやるせない淋しさに振り回されたり落ち込んだりしなくてすむし、心の病にもかかりにくいというわけである。

お母さんの長電話は、お父さんのやさしい言葉が足りなくて淋しいからである。

ロサンゼルスに赴任《ふにん》した日本人サラリーマンの若妻が、淋しさに耐えられなくて自ら命を断《た》ってしまった悲しい記事が出ていた。

どちらを向いても知らぬ人ばかり。出張したらなかなか帰ってこない夫。それに外国で、言葉も不自由だったと書いてあった。

心の病の原因のいま一つは罪悪感である。自分で自分を罪人扱いして責める気持ち。

この罪悪感には二つの種類がある。

(1)処理できる罪悪感

万引きをする、借金を踏み倒すなど、直接他人に被害を与えてしまったことに罪悪感をもってしまうこと。

この罪悪感から解放されようと思えば、悪事を謝罪して償《つぐな》いをすれば、なんとか自分の気持ちを処理することができる。

(2)処理できない罪悪感

自分はこうあるべきだという自分の理想像を描いてそれにあわせようとして、自分の心の動き、あるいは、自分の言葉遣《づか》いや行動に完璧《かんぺき》を四六時中要求する。そして、自分の中の悪い心や自分が日頃気にしている欠点や短所は罪悪だから、自分にそのようなものがあってはいけないと思いこんでいる。だから、そのままの自分ではいけないと自己否定して、自分で自分を絶え間なく責め続ける。

始末が悪いことに、この罪悪感は具体的な被害を他人に与えないので、自覚しづらい。また、欠点や短所についても、人それぞれの見方であり感じ方だから、人によって、その時の気分によってそれぞれ違う。

現実の問題として、自分の欠点や短所、自分の中に存在する悪い心を変えようとしたり、取り除こうとすれば、自殺以外に解決法はない。

この処理できない罪悪感の扱い方がわからないと心の病気にかかってしまう。

私も、この処理できない罪悪感への対処の仕方がわからなくて、自分を責め続けていた。

自分を否定し、責めていると、心が硬《かた》くなり、孤独で淋しい人間になってしまう。なぜなら、自分の気持ちがいつも自分の内側に向いていて、他人を愛したり、他人から愛されるという心の余裕が無くなってしまい、硬直した人間になってしまうのだ。

そうすると、自分の気持ちにちょっとでも逆《さか》らう他人の言葉に、すぐに腹を立て不機嫌になる。そして、理由なしに相手を冷たいと批判するようになるのである。

◇秘密を守る

この世に、たったひとりで生きていけるのであれば別に問題はないが、どうしても人と人とのかかわりの中で生きていかなくてはならない。

他人は自分の思う通りには動かないし、時にはこちらの気持ちを逆なでするような無礼な態度をとるから、むかっと腹が立つことがある。

特に、上司や先輩、得意先の横柄《おうへい》な態度は頭に血がのぼるものだが、宮仕《みやづか》えの身、じっと耐えなければならず、ゴム風船のように胸のうちがどんどんふくらんでくる。

皇居のお堀端《ほりばた》に大きなビルがあり、その七階にあるH社へ私は勤めていたことがあった。

昼休み、一階の喫茶店で口の堅《かた》い同僚と上司の悪口をさんざん言いながら飲むコーヒーの味は最高だった。張りつめたゴム風船に針が突きささったように、胸がスーッとおさまっていった。

「人の悪口や陰口を言ってはいけない」のではなく、「聞いた悪口を第三者に洩《も》らさない」ことが肝心《かんじん》なのである。

自分の胸のうちをいつでもすべて聞いてくれる口の堅い友人は人生の宝ものである。

そんな友人がひとりいれば十分。孤独感や淋しさで苦しまなくてすむ。

そして、他人が隠したいことはどんなことがあってもその秘密を守り通すこと。そうすれば、口の堅い友を得ることができる。

また、自分自身の価値をさげ、信用を落とすようなことは自分の口から絶対に洩らさないこと。そうしていれば自分の気持ちも安泰である。

ある会社社長の岡田さんは、私にこう話された。

『ひとり娘を嫁にやりました。婿《むこ》は長男で彼の両親と同居です。わがままに育った娘は我慢できるかなと心配していました。案の定《あんじょう》、三カ月して帰ってきました。離婚かなと心配しましたが、そうでもなさそうなので安心しました。娘は食事もとらず寝ていました。気疲れでクタクタになっていたのでしょう。

翌朝、娘の話を聞いてやりました。娘は姑《しゅうとめ》をオニババのように言うのです。今までの私だったら「嫁に行ったんだ。うちの人間ではない。我慢して家風に染まること」と、説教したでしょう。しかし、それをやめて「そうだ、意地悪な顔をしている」と一緒になってこきおろしてやりました。娘は、胸のうちを全部吐《は》いてスーッとしたのでしょう、「お父さん、がんばるから心配しないで。今日帰るから。でも私の言ったこと秘密よ」と言ってくれました』。

◇自己解放

「悩みや不安から解放されたら、さぞ幸せな日々になるだろう」

これは人類の永遠の課題ではないだろうか。

この悩みや不安の解放を求めて難行苦行《なんぎょうくぎょう》を重ね、自分を死の直前まで追いつめ、見事にそれを成就《じょうじゅ》された偉大な人物がおられる。

それはお釈迦《しゃか》さまである。

どのようにして自己解放されたかを探ってみよう。

お釈迦さまはヒマラヤ山麓《さんろく》にあった小さな王国の皇太子として誕生された。その当時の名前をシッタールタという。

王城の中で彼は、多くの武官、女官、使用人などにかしずかれて何不自由なく暮らし、豊かな日々の生活に退屈すると、供《とも》を連れて城外の村々や街《まち》の人びとの暮らしぶりを見てまわった。

城外でシッタールタが耳にするものは、赤ん坊の産声《うぶごえ》であり、死者をおくる悲しみの泣き声であった。目にするものは、病気で苦しんでいる人びとや老いていく人びと。

生きている者をたえまなく襲《おそ》ってくる〝生、老、病、死〟の苦悩。人びとはなぜ苦しまなければならないのか。こんなに苦しむのであれば生まれてこなくてもよいではないかという疑問。

物質的には豊かであっても、シッタールタの心は人生の苦悩と疑問でいっぱいになり、それらは日を追うごとに重くのしかかってくるのであった。

『魂《たましい》の解決なくして、やがて自分も老いて死ぬのか』

そう思い始めると、じっとしていられなくなった。

シッタールタは、地位や名誉も豊かな暮らしもいっさい捨てて、ある日の深夜、王城を脱出、学者や仙人、行者《ぎょうじゃ》などを次々に訪れては教えを乞《こ》うた。しかし、誰からも納得できる魂の救いは得られなかった。

『そうだ、その人自身が体験し、発見したのだから、その人にとってはそれが納得のいく解答であり、魂の救いであろうけれど、それを自分がもらって衣《ころも》のように着たとしても、所詮《しょせん》それは借り物でしかない。自分の心の悩みについては、他人に頼らず自分で悟《さと》り、解決すべきもの。それ以外に方法は無い』

そう気づいたシッタールタは、菩提樹《ぼだいじゅ》の下の吉祥草《きちじょうそう》の上で座禅《ざぜん》を組み、静かに瞑想《めいそう》に入った。

食物は何一つ口にせず、ただ水で口を湿《しめ》すのみ。日がたつにつれ、頬《ほお》や肩、腰の肉が落ちていく。断食《だんじき》で自分の肉体を痛めつければつけるほど、食欲や情欲の炎はますますつよくなり、美食や裸の美女の幻覚となってシッタールタを誘惑し、津波《つなみ》のように激しく襲ってくるのであった。

彼は誘惑と激しく闘《たたか》った。遂《つい》にはカラチの歴史博物館で見られるような痛々しい座禅姿になってしまった。目は落ちこみ、頬の肉はげっそりと落ち、ろっ骨には木の根がはりついたように血管が浮かび出る。まさにどくろの座禅姿だ。

シッタールタは、自分との闘いが終わるとき、息をひきとってしまうだろうと思った。

『これ以上、断食を続けると自分で自分を殺すようになってしまう。死んだのでは何にもならない。肉体を痛めつけ、自分を責め続けても得られるものは何ひとつ無い。無駄《むだ》なことだ』

　そう思って彼は瞑想をといたのである。

　午後の空はどこまでも青く澄みわたっていた。

『悟りとは〝自分は悟れない〟と、こう悟ることかもしれない』とも思った。

　シッタールタの骨と皮の足では立ち上がることも、また歩くこともできない。草をつかみ、這《は》うようにいざって小川のほとりにやっとたどりつき、やせ細った顔や手足を洗った。

　ほっとして木陰《こかげ》で静かに体を横にしてゆっくり休みたいと思っていると、

「これを、どうぞ……」と、少女が乳がゆの入ったお椀《わん》をさしだしたのである。

「ありがとう……」。シッタールタはわずかばかり口にした。

『この乳がゆはどうしてこんなに美味《おい》しいのだろう』

　そう思った瞬間、電気に打たれたような衝撃がシッタールタの全身を走った。

『乳がゆを美味しいと味わわせてくれるこの舌。この舌、どうしてこんなによくできているのだろう。不思議なことだ。ああ、この椀をもっている、この私の手。また、それを見ることのできる私の目。この足』

シッタールタは骨と皮の手足を動かしてみた。

『そうだ、自分はこの世に生まれたいと思って生まれてきたのではない。神さまの御配慮によって生まれてきたのだ。自分自身が大自然の一部なのだ。

絶妙によくできている自分自身そのままが神さまの奇跡的な創造物なのだ。自分は、いつの間にか欲深くなって、そのままで素晴らしい一番身近な自分が見えなくなっていた。というより、自分をもっといい、悟った人間にしようと無駄な努力をしていた。神さまのわたしへの偉大な恵みが感じられない、軽薄で感謝の念の乏《とぼ》しい男になってしまっていたからだ。余分なものは何ひとつ無い。否定すべきものもひとつも無い。そのままの自分が百点満点なのだ。

少しでもそのままの自分を否定すると、まわりのものすべてを否定するようになるから、自分は地獄の中で生きるようになる。

神さまが自分を百パーセント肯定してこの世にいのちを与えてくださっているのだから、その御意思に従って、そのままの自分を肯定すると、まわりのものすべてを肯定するようになる。だから自分は心安らかな天国の中で生きるようになる。

生老病死の苦悩や百八つの煩悩《ぼんのう》は、人びとの中で生きている証拠であって、それらが自分を悩ますのは当たり前のことだとして受け入れればいい』

そう納得したとき、シッタールタの心は、初めて彼自身の中に安住の地を得ることができたのである。

王城を出てから何年になるだろう。苦しみ抜いてきたことも無駄ではなかった。自分だけが幸せになるための悟りではない。シッタールタはそう思った。

金持ちも貧しい人も、全世界のひとりひとりを幸せにしてあげようという使命感が、彼の心の底に湧《わ》きあがってきた。この世に生をうけた者として、こんなにうれしいことはない。そう思って大空を見あげると、宵《よい》の明星《みようじよう》がキラキラと輝いていたのだった。

◇悟りとは

悟りとは
希望をもって　肚をすえること

悩んだら　悩んでいい
迷うなら　迷っていい
苦しむなら　苦しんでいい
不安なら　不安でいい
落ち込んだら　落ち込んでいい
真っ暗なら　真っ暗でいい

暗い現実であっても　逃げないで
ありのままを　受け入れよう

そして
あせらないで　手探りで
一番いいと　思うことを
一つひとつ　やっていこう

やがて
東の空が　明るくなる

◇不動の心

四十年あまり昔のこと、禅寺で座禅をしたことがある。「静かに座り、気持ちが無念無想《むねんむそう》の境地に入り、大自然と自分が合一《ごういつ》することです」と老師に教えられた。

煩悩と雑念の多い私は無念無想どころではなかった。そのときは、自分が清く正しくならなければ大自然と合一することはできないだろうと思ってあきらめかけたものだった。

だが、大自然とは清く正しいところであろうか。

地球は宇宙に浮かぶ惑星《わくせい》のひとつ。キラキラ光っている星空は美しい。しかし、月も火星も砂と岩石の殺伐《さつばつ》たるところ。

地球といえば、赤道《せきどう》は暑く、北極、南極は厳寒《げんかん》の地。突然の噴火《ふんか》や洪水《こうずい》は何百人もの人を殺す。嵐《あらし》は屋根を吹きとばし、船を沈める。地球は残酷《ざんこく》で矛盾《むじゅん》に満ちたところ。しかし、地球は地表のさまざまな現象を当然のこととして受け入れ、罪悪感はもっていない。だから、地球は不動でゆるぎない。

地球と同じように、生身の自分は矛盾に満ちている。その矛盾のままでいいのだと安心すれば、不動の心が得られる。

◇父親講座で大変身

父親講座で人の目を気にしながら後ろの隅《すみ》にひとりで座っている岡田さん。悲しそうで、顔色がわるい。

「岡田さん、前の席に来てください」と私が何回となく言ってもグズって出てこない。

「岡田さんが出てこないと講座を始めません」と言ったら、やっと重い腰をあげてしぶしぶ出てきた。

「岡田さん、あなたは男性として、父として、会社員として、自己評価総合点、何点だと思いますか」

「私ですか。転職に失敗しているし、まあ、よくて五〇点ぐらいかな。体調は悪いし、自分が嫌なんです」とうつむいたまま、小さな声でやっと言った。

第三講の朝九時半、ニコニコしながら近づいてくる人がある。

「先生、気持ちがさっぱりしました」

私は、とまどってしまった。

「なんだ、岡田さんか、おどかさないでくださいよ。誰かと思った。すっかり変身しましたね」

「はい、おかげさまで……」

岡田さんが変身したのは、本人自身が自分を百パーセント自己肯定したからである。

人間は学歴や年齢、性別に関係なく、誰でも『そのままの自分が百点満点だ』と納得し、そのままの自分を百パーセント肯定する。そうすれば完全な自己統一ができ、見事に人間は変身する。

なぜだろうか。

人間を研究するために有名書店に行って参考書を買い求める必要はない。一番手近にある最高の教材、それは自分自身である。自分自身を知れば、他人のすべてもわかってくる。

まず、自分自身を観察してみよう。

◇ハードとソフト

人間は超高性能コンピュータによって動くロボットだと考えてみるとよくわかる。この人間ロボットの電源はいのちで、先天的なハードと後天的なソフトに分けることができる。

(1)脳と体（ハード）

これは先天的なもので、人間の本能もこの領域である。したがって、変わらない、変えられない、変えようとしてはいけないものである。そのままで百点満点。完全無欠《パーフェクト》なもの、即《すなわ》ち、この世に誕生したときの自分自身である。

(2)意識と潜在《せんざい》意識（ソフト）

これは、生まれてから今日まで体験し、学び、教育された情報である。したがって、後天的なもので、それを見事に証明しているのが以前インドで発見された狼《おおかみ》少女姉妹である。

このソフトの領域は、変わるもの、変えられるもの、変えようとしていいものである。だから気分や感情でゼロから百まで上下左右、自由自在に変化する。ルンルン気分だったり、落ち込んだりすることは正常な状態で、もし、硬直していて変化しなかったらそれこそ大変である。

◇積極的で不動の人間に変わる

ちょっと目を閉じて考えてみてください。あなたの自己評価は総合で何点かを……。

私たちは前述のソフトの領域で自己評価をしている。例えば、自分を六〇点だとすれば、四〇パーセントが処理できない自己否定の罪悪感のとりこになってしまう。すると、ソフトの領域が四六時中、緊張《ストレス》し、不安になる。そのため、ソフト、即《すなわ》ち意識と潜在意識が、変わらないハード領域の自分を変えようと重圧をかけ、悲劇的な葛藤《かっとう》の泥沼に落ち込んでしまう。その上、四〇パーセントの自己否定部分から他人が自分の中に介入してきて支配する。即ち、非現実の他人を主人公にしてしまうのである。

完全無欠、完璧な人間になれと親から厳しく教育され、自分もそうなるべきだと信じている人ほど、そのままの自分ではいけないと否定し、あるがままの自分に罪悪感をもってしまう。

そのような人は、いつも不安で緊張しているからストレスがたまっていて、肩がコチコチにこっている。いつまでも過去を悔《く》い、将来のことを心配する。目に見えないこと、耳に聞こえないこと、わからないことばかりに気を遣ってクヨクヨする。それればかりでなく、他人の目を借りて自分を見つめ、あれこれと責めている。今を生きることに自信がない。

先天的な自分自身、変わらない、変えられない、変えようとしてはいけない自分を変えようとする。そのため、変えよう、変わらないという永遠に解決できない葛藤に苦しむようになって、クタクタに疲れてしまう。ひどくなると遂には、嫌いな自分を徹底的に責め続け、追いつめ、体調をくずし病気にし、自分をつぶしてしまうことになる。

このような自分に絶望した自己否定患者を病院の精神科で治すことはできない。せいぜい精神安定剤を注射されたり服用させられながら、徐々に人格破壊をおこしてしまうこともありうる。

あなたも私も、程度の差こそあれ、本気で自分を変えようと今までいろいろ試みてきたけれども、いずれも失敗し、水泡《すいほう》に帰《き》してしまった。なぜなら、変えられないもの、そのままを認めるべきものを変えようとしたからである。

あなたも私も、この世に誕生したとき、そのままの自分で百点満点、百パーセント肯定された子どもだった。それは今も変わっていないのである。

今、自分がどんな生き方をしていようとも、過去がどうであれ、そのままの自分が百点満点、百パーセント自分を肯定する。その自分の原点に戻って自分を変えようとしない。そのままの自分でいいのだと肚をすえる。

そうすれば、脳と体という先天的な領域と、意識・潜在意識という後天的な領域が、はっきりと二つの領域に分かれ、

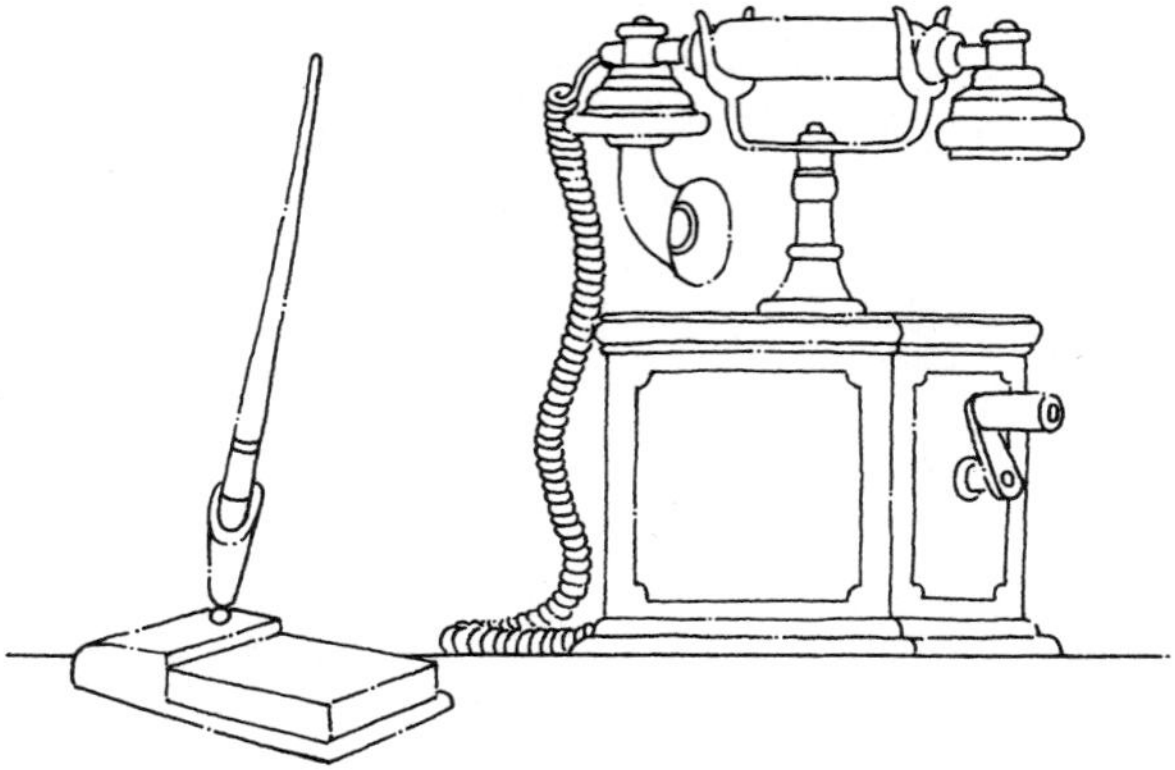

それぞれの役割を最高の状態で遂行《すいこう》するようになる。

特によいことは、先天的な脳と体（ハード）は、後天的な意識・潜在意識（ソフト）を通じてくる外部からの影響をいっさい受けることなく完全に護《まも》られること。そして、ストレスが無くなるからホルモンなどの体内分泌《ぶんぴつ》も活発になり、健康そのものになるのである。

脳性マヒの長女を車椅子《くるまいす》で連れて講演に参加されたお母さん。娘の細い手を握り、ニッコリして、「この子も、そのままで百点満点の子ですよ」と、やさしい言葉を残して帰っていかれた。

◇自分の最大の敵は自分

自分にとって
一番怖いことは
自分が他人の目で
自分の欠点を責めたてて
自分の存在を否定すること

自分にとって
一番心強いことは
どんなことがあっても
自分が自分の味方になって
自分を守ることです

自分にとって自分は
自分の安住地で
なくてはなりません

◇私は　わたし

雨が降れば　降っていい
雪が降れば　降っていい
嵐が吹けば　吹いていい
悲しければ　悲しくていい
恨《うら》みたければ　恨んでいい
怒りたければ　怒っていい
苦しければ　苦しくていい
誤解されれば　誤解されていい
人の目が気になれば　気になっていい
傷つけば　傷ついていい
だまされたら　だまされていい
転べば　転んでいい

また立ち上がって　歩いていく
私は　わたしなんだから……

◆自分を生かす原則②◆

◉自分の価値・信用を落とすようなことは堅く秘密を守る。

◉自分を変えようとしない。

◉自分は、徹底して自分の味方をする。

第三章

自分を好きになる

◇自分を大切に

大空に打ち上げられた宇宙探査機《たんさき》から地球に送られてくる映像をテレビで見た。

夜空に美しく輝いている無数の星は、地球を除いては岩石かガスでできている。地球ほど美しくて豊かな星はまだ他に発見されていない。

太陽のまわりを三百六十五日かけてひとまわりする地球の軌道《きどう》が、ほんの少しでもはずれ、また、狂ってしまったりしたら、地球は月面と同じように生命の存在しない岩石と砂の荒涼《こうりよう》とした風景になっていたであろうことは容易に想像できる。

大宇宙の中では針の先で突いたような極小の、空気と水が存在し生命《いのち》の誕生が可能で、しかも生命が進化するちょうどよいところに浮かんでいる地球。一体、誰がどのようにして地球をそこに置いたのであろうか。考えれば考えるほど不思議である。

その不思議な地球の上で生活している、不思議な〝わたし〟。不思議なわたしの〝いのち〟。本書の一ページ一ページを、最後のページまで熱心に読んでくださっているあなたと私が、お互いにいる場所がちがっていても、こうしてご縁のあることも不思議に思える今日この頃。

この豊かな地球の人口は、たえまなく増え続けている。しかし、いくら人口が爆発的に増えても、誰ひとりとしてあなたや私と同一人物は過去にも現在にも、そして未来にも誕生しないのである。

ロンドンの大英博物館へ行ったとき、私は古い郵便切手を見た。この切手は世

界にたった一枚しか無いため値段のつけようがないほど高価で、人類の宝物として大切に保管されている。

この切手と同じように、あなたも私も世界でたったひとりしかいなくて、あなたや私でなければできない使命と役割が与えられている、超高価な人類の宝ものなのではないでしょうか。

会社の人事異動《いどう》で係長だった人が課長に昇進し、三カ月もすると身のこなし方、言葉の使い方など課長らしい風格が備わってくる。それは、みんなが彼を課長として丁重《ていちょう》に扱うからである。そのように自分で自分をダイヤモンドのように扱うと、自分が光輝くようになってくるのである。

自分を大切にする人は
　人を大切にします
自分を粗末《そまつ》にする人は
　人を粗末にします
自分を愛する人は

人を愛することができます
自分が嫌いな人は
人にグチばかりこぼします
自分を好きな人は
　自分を伸ばします

切手は博物館の中で永遠に保存されるけれど、あなたや私は長くて八十年か九十年の限られた寿命で、空気と水と土になって終わる。

生かされている今日一日がとても貴重なのである。

時間を大切にする人は、〝いのち〟の尊《とうと》さがわかっている人である。

◇小さな幸せ　ほんとうの幸せ

この世の中には二つのタイプの人間がいます

その一つは
　大きな幸せの中にいながら
　　その中の小さな不幸せのみを見つめて
　　　いつもブツブツ言いながら
　　　　不幸せに生きている人間

もう一つは
　大きな不幸せの中にいながら
　　その中の小さな幸せだけを見つめて
　　　いつも幸せに生きている人間です

◇演技する

人生はドラマ　人間はみんな役者　社会が舞台
意志の弱かった私は
『己《おのれ》に打ち克《か》つ』ということが理解できなかった
それは　本心に関係なく演技することだ
役者になることだ　と知って納得できたのです
役者は気分がすぐれないときでも
また嫌《いや》な相手であっても
いつも最高の演技を見せてくれる
役は　本心とはちがうところにあるからです

本心でない言動は嘘《うそ》であり
道徳に反するという考え方が人間関係をこわしてしまうのは

役を演じることを忘れ
本心をむき出しにしてしまうから
本心で生きる人を世間では未熟で幼稚な人と見ます

他人は私を　私の外面　即《すなわ》ち　言葉や態度で評価する
今までは私は私の内面　即ち　心の動きで自分を評価していた
そのような自分を自分の心の動きで評価する
無意味なことはやめること

人間関係を円滑《えんかつ》にし　心の安定を願うなら
言葉や態度を心の動きから完全に切り離し
役を演じながら生活すればいい
そうすれば人相もよくなる

その妙《みよう》を心得ている人物を私たちは

円熟《えんじゅく》した人と呼ぶのではないでしょうか

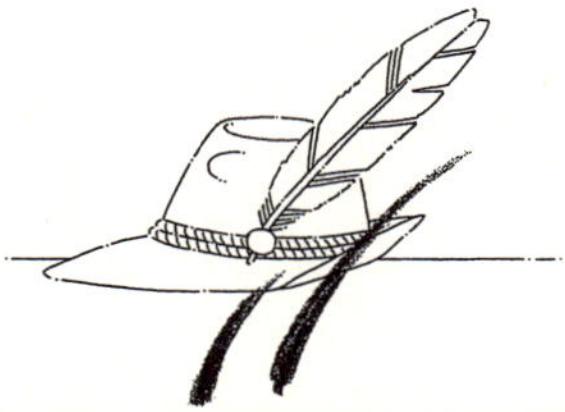

◇反省は　ほどほどに

反省とは
　過去を引きずって
　過去に生きること

過去を反省すればするほど
　笑顔と生きるよろこびを失ってしまう

妻が三日間反省すると
　三日間機嫌が悪い
　すると夫は三日間イライラさせられる

反省してもけっして人間はよくはならない

根性が悪くなるか
気持ちが落ち込むばかり

どうしても反省する必要があれば
百分の一秒間だけ反省しよう

そうしてお互いに間違ったと気づいたら
素直に「ごめんなさい」と謝り
許しあい
かばいあい
理解しあい
過去をすっかり水に流そう

オーケストラは　演奏を終えた後では
もう楽器の調子を合わせません

毎朝
あなたも私も　昨日のことはすっかり忘れ
新しい気持ちでスタートしよう

◇ずうずうしい善人になろう

臆病《おくびょう》な善人は
人々を不幸にする
悪い奴《やつ》よりもっと悪い
なぜなら
自分もまわりの人も
神経質に責めたてる
しかも　どん欲《よく》で
要求ばかりするから……

ずうずうしい善人になろう
なぜなら
ずうずうしい善人は

自分の存在を百パーセント肯定する
だから
自分を生かし
周りの人々を生かすのです

◇陰日向がなぜ悪い

二重人格　陰日向《かげひなた》は
すこしも悪いことではありません
詐欺《さぎ》　万引きのように
直接相手に迷惑をかけてはいないからです
弱肉強食の世の中では
二重人格　陰日向などは
処世術と呼ばれます
弱い立場の人間にとっては
それは自分より強い立場の人に対する
唯一の自己防衛手段
自己実現の方法だったかもしれません
二重人格　陰日向は

人間として当たり前のことだと
親が最初から認めてあげれば
子どもは
そのままの自分でいいのだと
自己確立をしながら
親の前で表裏をみせながら
素直に　のびのびと
しかもたくましく育ちます
子どもは親にほんとうの姿を見せながら
自分を偽《いつわ》らずに生きる方法を学びとります

◇頭の悪い人　臆病な人　不幸な人は

目に見えたこと　耳に聞こえたこと
　わかっていることを信じない
目に見えないこと　耳に聞こえないこと
　わからないことを心配して生きている
だから　ますますわからなくなる
　自信がないのはそのせい

◇頭のいい人　強い人　幸せな人は

目に見えないこと　耳に聞こえないこと
　わからないことに気をまわさない

目に見えたこと　耳に聞こえたこと
　わかっていることだけを頼りに生きている

すると　わからないことがわかってくる
　自信が生まれるのはそのせい

◇否定の生き方　肯定の生き方

不平・不満・恨《うら》み――
物事を否定的に見る
そのような孤独な人間は
自分も他人も許さないから緊張し
イライラしていて疲れている
じつは　そのような人は幼児期
お母さんの愛情をもらっていないから意固地《いこじ》です

感謝・安心・幸せ――
人生を肯定的に生きる
心豊かな人間は
自分も他人も許し

心に余裕があります
愛のぬくもりを身につけています
彼らは
善人
悪人が混在する世の中が
永遠に続くと思っているから
ありのままの社会を
素直に受け入れることができます

人生を肯定的に生きると
どんな人とも平等につき合うことができます

◇強くなろう

強くなろうと思うなら　もっと自由になろう
自分をしめつけている呪縛《じゅばく》から自由になろう
強くなろうと思うなら　人生の目的をもて
強くなろうと思うなら　感謝を知れ
強くなろうと思うなら　物ごとを善悪で見るより
体験として見よう
強くなろうと思うなら　他人に功《こう》を譲《ゆず》れ
強くなろうと思うなら　見えない基礎石となれ
強くなろうと思うなら　自分を嫌うな　好きになれ
強くなろうと思うなら　人を恐れるな
強くなろうと思うなら　過去を捨てろ
強くなろうと思うなら　未来を心配するな

強くなろうと思うなら　開き直って肚《はら》をすえろ
強くなろうと思うなら　肩の力を抜いて
　いつも笑顔を忘れるな
強くなろうと思うなら　決断を早く　今に燃えろ
強くなろうと思うなら　自分の運命は　自分の手で
　力いっぱい　むしり取れ
強くなろうと思うなら　神仏の力をお願いしよう
強くなろうと思うなら　嫌なことでもまっすぐ進め
　たった一人でまっすぐ進め
　自分の力で扉を開け
　開く扉で世界が開く

◇向上心

そのままの自分を認め　受け入れると
向上心は体内で躍動を始め
意識しなくとも自分の殻《から》が破れ　ぐんぐん成長する

自分は駄目《だめ》だ　だから向上しようと
自己否定したり
ゼロからやり直そうという考え方で向上心をもとうとすれば
向上するどころか　かえって焦《あせ》りとストレスの原因となる
そしてたとえ実際に向上していても
それが見えず満足感をいつまでももつことができない

いまの自分に丸をつけずに向上しようとしても無理な相談

昔から今日まで
とかく教育は自己否定の上になされている
だから　自分を見失った心の不安定な人が多くなる

◇自分を好きになれ

自分は自分自身を
他のだれよりも好きになろう
仕事にほれている人は　仕事を伸ばす
自分にほれている人は　自分を伸ばす
どんなことがあっても
　自分は自分を好きになれ
自分を好きになると
　他人を愛することができるようになる

◇私の四つの誓い

一、自分を責めることや反省することは、いっさいやめます。
二、そのままの自分にいつも百点満点をつけ、
百点満点を基準に手直しをしながら生きます。
三、頭の中を空《から》っぽにし、ずうずうしい善人になります。
四、いつも笑顔を忘れないようにします。

人間は
悪い心　欠点　短所　二重人格　陰日向
表裏があるのが当たり前
他人に迷惑をかけるでもなく　日々精いっぱい生きている私
もし反省する必要があれば百分の一秒反省し
相手も自分も善意に解釈《かいしゃく》して忘れ去る

悪意に解釈すると忘れられなくなるから……

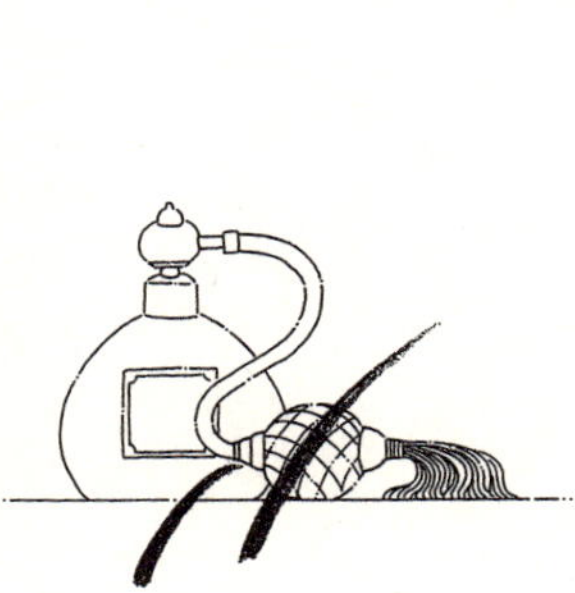

◇若返りの秘訣

昔々、中国の賢人たちは、次のような大発見をした。

「大宇宙から小宇宙である地球上へ電波のように気のエネルギーが絶え間なく送られている。人間をはじめ動植物などいのちあるものは、すべて気のエネルギーを吸収して生きている」と。

人間も気を失うと死人のようになり、気を病むと病気になってしまう。しかし、元の気をとりもどすと元気になる。〝気〟とはエネルギーなのである。

地球で気のエネルギーを吸収して育っているさまざまな生命の不思議、規則正しさは驚くばかりである。これらの全生命体には体内時計（ＤＮＡ）があり、それに組み込まれた情報の遺伝子《いでんし》通りに生かされている。だから、人間も十歳で老人になる者はいない。

中国の賢人につづいて、私の大発見はこうである。

「大宇宙から小宇宙の人間に電波のように送られている気のエネルギーの波長

は、一〇、〇〇である」

ラジオは電波の波長にダイヤルの目盛《めも》りがぴったり合わないと放送を聞けない。

あるがままの自分が百点満点だと納得していると、自分の体内時計のダイヤルの目盛りが自動的に一〇〇になって、大宇宙からの気のエネルギーの波長一〇〇とぴったり合ってくる。そうすると気のエネルギーが百パーセント自分の体内に入ってくるから、心も体も健康そのものになる。そのうえ、大自然の巨大で不思議な力をも同時に得ることができるのである。

しかし、自分に自己評価点として六〇点をつけている人は、ダイヤルの目盛りが六〇となるから、気のエネルギーの波長一〇〇と合わなくなり、四〇パーセント以上の気のエネルギーをロスしてしまう。そのため心は躍動せず、疲れがひどくなって体も不調になってしまう。

そのままの自分で百点満点だと、自分自身で納得してから講座や講演の講師として東奔西走《とうほんせいそう》しているが、疲れを感じたことはない。大正十五年生まれの私が「四十八歳です」と言っても誰も疑わないほど若返ってきた。

私だけではない。素直に百点満点の生き方をしている多くの人びとがみんな若返っている。特に、女性は化粧しなくても見違えるほど美しく気品のあるレディに変身している。

あなたもぜひ試してみてください。きっと美しくて生き生きした人間に見事に変身されることを確信をもってお約束します。

◆自分を生かす原則③◆

◉自分を好きになる。

◉あるがままの自分を好きになる。

◆第一部　まとめ◆

自分を生かす三原則

【原則1】
そのままの自分で百点満点を生きる。

【原則2】
自分は、徹底して自分の味方をする。

【原則3】
あるがままの自分を好きになる。

第二部

効果的に生きる

第一章
こころ

◇こころ

こころは
年齢に関係なく　か弱くて無防備
とても傷つきやすい
支えもなく
立っている精神的基盤などもない
非常に不安定でコロコロと変わりやすい

こころは
とかく　ものごとを悪く解釈するクセがある

こころは
とても淋《さび》しがり屋

孤独感には耐えられない
無視されたり
かまってもらえないと萎縮《いしゅく》して硬《かた》くなる

こころは
どんなに厳しい修行をしても
激しい訓練によって鍛《きた》えに鍛えても
絶対に強くはならない
鍛えて強くなるのは筋肉だけ
それでは　なぜ　修行が必要なのか
それは　そうすることによって
人間の心は　とても傷つきやすく
か弱いということを知ることができるから
そうと知れば　自分の心も相手の心も
大切にできる

他人の心の痛みがわかる

こころは
か弱くて変わりやすい
しかし　支えがあれば強くなれる
だからこそ　その心が愛を生み出したのでしょう

こころは
黙《だま》っていては　相手に少しも伝わらない
以心伝心ということはありえない
なぜなら　私はあなたになれないから——
正確に心のうちを相手に伝えることは
不可能なこと
もし　黙っていて
心のうちが相手に全部伝わってしまったら

人間関係は壊されるにちがいない
離婚も激増するだろう

こころは
黙っていては　相手に伝わらないから
お互いに安心していられる

こころは
言葉や態度によって表さないかぎり
相手に伝わらない
だからこそ　相手がわかっているように思っても
やさしい態度で言わなければならない
夫は妻に
「君と結婚してよかった
安心して仕事ができる」

妻は夫に
「あなたがいるから私は幸せ
淋しくないわ」
親は子どもに
「お父さんもお母さんも　キミが大好きだ
キミは　お父さんとお母さんの宝ものだ
どんなことがあっても
わたしたちは　キミの味方だ」
上司は部下に
「偉《えら》い　よくやった
君はこの課の宝ものだ
頼りにしている」
と　お互いに　やさしく
いたわりの言葉をかけ合わなければ
家庭も職場も砂漠《さばく》のようになってしまう

こころは
言葉にあらわれる
生きている言葉は
強力なプラス・マイナスの　エネルギーをもっている
プラスの言葉によって
心が癒《いや》され　励まされ
活力が与えられる
しかし　心ないマイナスの言葉は
ひとを失望させ
心をカラカラにしてしまう
とくに　陰口や悪口は速い足をもっていて
あちらこちらを駆《か》けまわるので
気をつけなければならない

こころは
身体を超敏感に支配する
身体もこころに敏感に反応する
梅干しを見ただけで　口の中が酸《す》っぱくなるように
「不幸だなあ」
と思えば
身体全体の力が抜けて落ち込んでしまう
「馬鹿《ばか》だなあ」
と思うと　脳がはたらかなくなってしまう
「幸せだなあ」
と思うと　心は躍動し
身体全体に活力が溢《あふ》れてくる
「頭がいい」
と思うと　脳は活発にはたらく

自分の中の悪いこころを追い出そうとすれば
不安に追いたてられながら
こころは自分以外に安住の地を求め
あちらこちらを　いつまでも　さまよい続けます
無防備な自分のこころは
自分で守らなければなりません
それには　無条件で自分の味方になること
もし　自分を責めたくなったら
悪いやつらが威張《いば》っているのを見ればいい
彼らは平気で生きている

自分とは
こころの中の自分
自分がそう思う自分が自分自身
地獄の訓練のような無理をしても

その外部からの圧力がなくなったとき
元にもどってしまう
外部の力で自分を変えることはできない
ごく普通の生活をしながらでも
自分に対する自分の考え方を変えると
自分は変わる
そのようにして自分が変わると
もう元にはもどりません
もし　どんなに努力しても
こころが変わらないときは
こころは横にそっと置いて
言葉や行動を変えてみる
演技してみる
こころは不思議にも変わってしまう

こころは
言葉によってコロコロ変わる

『人生にとって最も大切なことは
こころのもち方よりも　言葉の使い方です』

言葉によって　言葉どおりの自分に変わる
こころの中の自画像は
言葉という絵筆によって描かれている
自分の中のよいこころ　悪いこころ
長所や欠点をひっくるめて
自分はこれでいいのだと納得すれば
こころは自分の中に安住の地を得る

そうすれば自分探しの

はてしない旅に終止符《しゅうしふ》がうたれ
新しくて楽しい人生が
始まるでしょう

◇心で思うことは自由、すべて無罪

数年前、ＮＨＫ教育テレビでユング心理学講座が連続放映されたことがあった。その中で見たドラマがあまりにショックだったのか、今も鮮やかに覚えている。

大筋はこうである。

結婚適齢期になった仲のよい姉妹がいる。姉はやさしくてひかえ目。妹は明るくて活発な性格。

姉はある男性をひそかに恋している。いつかは彼と結婚したいと願っている。しかし、姉から見て妹もその同じ男性が好きな素振《そぶ》りなので、彼女は自分の気持ちを押さえて妹には彼を好きなことをかくしている。

妹と彼がただならぬ仲だと知って姉はショックを受け、寝込んでしまった。

妹は姉が彼に恋していようとはつゆ知らず、教会で彼と華やかな結婚式をあげた。そうなっても姉は彼のことが忘れられない。ベッドの中で様々な思いに苦しむ。

姉の容体《ようだい》が急に悪化した原因は、妹を素直に祝福できないどころか『嫉妬《しっと》や恨《うら》みをもってしまう自分は罪深き者で、罪を犯している』と自分を厳しく責め続けているからであった。その悶々《もんもん》とした気持ちを妹に遠慮して誰にも告白できず、その苦しさに押しつぶされてしまったのである。

妹夫婦が花束をもって病室へ入ってくる。妹が姉の冷たい手をそっと握りしめたとき、姉は天国へ召されていった。

私は、姉の気持ちを思って、この胸をかきむしりたいほどやりきれない気持ちに襲《おそ》われた。

同じく平成四年二月二日の日曜日。午後八時からNHK大河ドラマ『信長』を見ていたときのことである。

山道で野武士くずれの追剝《おいはぎ》が旅人を襲い、太刀《たち》で切りつける。カトリックの若い僧がその追剝の前に立ちはだかって、負傷した旅人を救う。

画面は変わって、上半身裸になったこの若いカトリック僧が、自分の手に大きなロープをもって、力いっぱい自分をなぐりつけている。なぐるたびにロープが背中や脇腹《わきばら》の皮膚に喰《く》い込み、その跡には痛々しく皮膚が破れて鮮血さえにじんでいる。

疑問に思った村人が、

「なぜ自分で自分をそんなに痛めつけるのですか」

とたずねた。

「私は旅人を心から助けたのではありません。怖くて逃げ出したい気持ちが起こったのです。その気持ちは罪です。神さまにこうして許しを乞《こ》うているのです」

と言いながら、そのカトリックの若い僧は自分への鞭打《むちう》ちをやめなかった。

この若いカトリック僧や亡くなった姉の気持ちが、私には痛いほどよくわかった。同じ経験をしているからである。

私も「心に思ってしまう恨みや憎しみ、嫉妬などは罪悪である。だからそのような気持ちが起こることはいけないこと。人の道にかなっていない」と幼い頃から母親に叩《たた》き込まれた。だから、そのことにひとつも疑問をもたず、正しいことだと鵜呑《うの》みにして信じていた。

私の性格は短気。それに執念《しゅうねん》深い。すぐ頭にきて怒る。嫌《いや》なことがあれば私は、すぐ復讐《ふくしゅう》を考え、決して相手を許さない。長年、私の嫌な性格に手こずった妻に聞けば、「そうなんですよ」と、私のケンカの後始末をしたり、耐えてきた裏話をこと細かに話すにちがいないでしょう。

妻が私の性格に困った以上に、私は自分の内面の葛藤《かっとう》にのたうちまわっていたのである。悪い心を起こす自分を責め続け、ひどい頭痛に悩まされ、いくら頭痛薬を飲んでも治らない。この頭痛は母からの遺伝《いでん》だから仕方がないとあきらめていた。

『悪い心を起こしてはいけない』という考え方を徹底的に私に叩き込んだ信仰深い母も、どうしても心に思ってしまう悪い心を起こす自分を責め続けていたのであろうか。天国に召されるまで、母のひどい頭痛は治らなかった。

昭和五十七年一月から母親講座を始め、それは今も続いている。学校へ行けなくなった子、暴力をふるう子、非行に走った子などをかかえ、地獄の底を這《は》いまわっているような苦しみの中、一家心中までも考えているお母さんも来られる。

この絶望のどん底のお母さんの心を癒し、救ってあげるには、今まで教え込まれた人の道や道徳など、そして、正しいことだと信じてきた価値観などは全く無意味、無効果だと言ってあげることである。悩めるお母さんをさらに正しさで苦しめ追いつめることは逆効果、害にさえなる。

正しさで人の心は治せないことが今までの体験を通してわかってきた。

偉大な学者や宗教家、高名な心理学教授の学説からではなく、すべての価値観を受けつけない自殺寸前に追い込まれた極限の状態にあるお母さんと私の体験から、次のことを発見した。この発見は、今までの価値観や宗教の教えなどを根本から覆《くつがえ》すかもしれない。

極端な言い方ではあるが、つまり、こういうことである。

『人間は、心の中に恨み、憎しみ、呪《のろ》い、嫉妬《しっと》、復讐など、いかに極悪《ごくあく》非道《ひどう》な考えを起こし、それをもっていたとしても、心の中にある限り、それは罪悪ではない。それはすべて無罪である。安心していい。具体的な被害を誰にも与えていないのだから』

この考え方で一番救われたのは私自身である。あれほど長年私を悩ましつづけた頭痛が消えてしまった。心の中にあった様々なこだわりも頭痛と同じようにどこかへ蒸発《じようはつ》してしまったようだ。

世の中は、何を言ったか、何をやったかのみが問題にされ、何を思ったかは問題にされない。

愛も罪も、人の心の中に存在するものではないのではないか。それらは、言葉や行動の中にのみあるものではないだろうか。

心の中の様々な動きは全く自由で無罪、何ものにも束縛されるものではないのである。

生存競争の激しい弱肉強食の世の中、いわば戦場だ。そうであれば、心の中は大本営の中の作戦本部といったところ。その動きはすべて極秘なのである。

◇母親講座で大変身

母親講座に杉山文子さんが参加された。中学一年と小学五年の娘二人をもつお母さんである。

彼女はなかなかの美人であるのに、暗い表情のためその美しさがマイナスになっている。初めて会ったときは不気味にさえ感じられた。

彼女は幼稚園から女子大までミッション・スクールで学んだ、クリスチャンである。杉山家の長男のところへ嫁《とつ》いで十五年。姑《しゅうとめ》は彼女の手料理や掃除、洗濯のこと、娘の教育のことまでこと細かくいちいち口出しする。その嫌な姑のことを主人に言ってもとりあってくれない。どちらかと言えば姑の味方をする口ぶりで彼女をたしなめる。姑と別居したい。それがだめなら離婚も、と考える彼女は、やはりクリスチャン。毎晩ベッドに入る前に床にひざまずいて

「イエスさま、今日もおばあちゃんに早くお迎えがくるようにと思ってしまいました。私は罪深い女です。許してください。アーメン」。

そう言って右手で胸に十字を切ってから寝ていますと、私に話された。

私は即座に、

「杉山さん、おばあちゃんを殺したいといくら憎んでもいい。自分の気がすむまで、思う存分憎みなさい。いくら憎んでも、憎しみが心の中にだけある限り罪ではありません。しかし、黙《だま》っておばあちゃんに少しでも具体的な意地悪をすれば罪になるから、どんなにくやしくてもそればかりは絶対やってはいけません。いいですね。今日、母親講座が終わって帰るとき、私の言う通りにしてください」

「何でしょう。私に出来ることならします」

「渋谷で、おばあちゃんが一番好きなお菓子を買って帰ってください。こう言って、おばあちゃんに渡してください。『お留守番してくれて、ありがとう、おばあちゃん。いつまでも長生きしてくださいね』と、やさしく笑顔で言いながら、そのお菓子をさしあげてください。心とは裏腹なことをしても、愛に変わりはないのです。或《ある》いは、これが本当の愛かもしれません」

杉山さんは、肚《はら》を決めて実行された。そのことがあってから、魔法にかかったように彼女は明るくて美しい女性に変身したのである。
その彼女の変身によって姑の態度がすっかり変わったと、あとで報告を受けた。

◇心をノートに書いてみよう

迷ったら
　頭の中であれこれ迷うことをやめて
　ノートに迷っていることを書いてみよう

悩みにとりつかれたら
　悩むのをちょっと中止して
　ノートに悩んでいることを書いてみよう

困ったら
　困ったことをちょっと横に置いて
　ノートに困っていることを書いてみよう

苦しみが襲ってきたら
苦しみをちょっとよけて
ノートに苦しんでいることを書いてみよう

不安になったら
温かいレモンティーを一杯飲んで
ノートに不安なことを書いてみよう

落ち込んだら
そのどん底に腰を下ろして
ノートに落ち込んだ理由を書いてみよう

心をノートに書くと
おそれという幻《まぼろし》が消えてその正体が見えてくる
すると　解決の糸口も見えてくる

ときには自分を他人のように見てみよう
おそれという幻と決別するために

◇心を大切にするには、言葉を大切にすること

自分を大事にし、家族一人ひとりを大切にする最も手近で、やろうと思えば誰でも簡単にやれる方法は〝言葉遣《づか》いに気をつけること〟である。

言葉を大切にする人は、ごく自然に心を大切にしている。

心を大切にしようとする人ほど、往々《おうおう》にして言葉遣いがきつくなりがちである。

「最低だ、こんな女ではなかったはず」

「汚いぞ、ちゃんと家事もできないのか」

「どこをフラフラしているのか、何回電話しても家にいたためしがない」

「まず他人《ひと》さまは、やめてくれ。お前と結婚したのは失敗だった」

「もう我慢できない、勝手にしろ」等々。

こんなことをズバズバ言われたら誰でも、保険をかけて夫の頭を金属バットでなぐってやりたくなるのは当たり前。

これらは母親講座の特別宿題で、『主人のどんな言葉が妻としての、あなたの心を傷つけていますか』という質問にお母さんたちが記入したそのままの一部を転記したものである。

次に父親講座でお父さんたちが書いた『妻が自分の心を傷つけた言葉』の一部も転記しよう。

「給料が安いくせに……。出世もしないで」

「この前あげたお金、もう無くなったの。何に使ったの」

「今、何時だと思うの、遅く帰ってきて。無理よ、そんなこと。自分でやれば」

「あんたなんか大嫌い。子どもをつれて出て行きたいわ。この子がいなかったら、とっくの昔に離婚しているわよ」

「また行くの。ゴルフ場の女の子と一緒になったら」

「あなたのような男は何回も言わないとわからないから……」等々。

妻にこんないやみを言われながらも、満員電車で黙々《もくもく》と職場へ急ぐ夫はあわれである。

夫婦ともに相手の言葉から受けた心の傷口が癒されないまま、同じ屋根の下で「相手さえ変わってくれたら文句なし」と思いながら、冷えびえと暮らしている。

お父さんは誰よりも早く出世しないとお母さんは許さない。また、お母さんはお父さんの思う通りや言う通りにやらないと怒られる。子どもは学校のテストで百点をとり、まわりからほめられる行儀のいい子でないと叱《しか》られる。家庭が教育訓練の場、人格形成の道場のようなところに変質してしまった。オーバーなようだが、そこは狼《おおかみ》のような鋭い目に鋭い牙《きば》をもった教育躾《しつけ》訓練士のいるところになってしまったのである。

〝許す〟という寛大さも、「ありがとう」という感謝の気持ちも、「私が悪かった。すみません」というお互いの心を癒す言葉も、どこかへ行ってしまった。

家庭は、本来、家族一人ひとりの心が癒される温かいところ。どんなことでも自分の胸のうちをそのまま言っても文句を言われず、聞いてもらえるところ。ほめられ、かばってもらえる味方がいるところ。わがままが許され、心が安らいで、笑顔のいっぱいあるところであった。

さて、日本には輝かしい精神文化が確立していて、権威になり学問となっている。その専門分野の学者は解説者であって、実践者でも体験者でもないから庶民の生活にまで好影響を与えているとは思われない。そのためか、お父さん・お母さんの心が互いの言葉遣いで傷つき、そのとばっちりで子どもの心も深手《ふかで》を受けているように、庶民の精神生活はまことに冷たく貧しいのである。

その原因は精神、即《すなわ》ち、心ばかりが重視され、言葉が軽視されたため〝言葉の文化〟が育っていないからではないだろうか。

作家の故司馬《しば》遼《りよう》太郎《たろう》先生は「文化とは、それにくるまっていれば楽しいもの、気持ちの安らぐ温かいものだ」と明言しておられる。

◇言葉があってこそ心が通じる

日曜日の午後、街角《まちかど》で見た光景です。
二十六、七歳ぐらいの若いお母さんに幼い女の子が聞いた。
「お母さん、わたしのこと好き？」

「わかりきっていることをなぜ聞くの？」

と、きつい声で言っているお母さんの顔は、その言葉通りのきつい顔だった。

日本には〝以心伝心〟ということに不親切で意地の悪い言葉がまかり通っている。それは単一民族のせいだからであろうか。

口で言わなくてもお互いの気持ちはわかり合えるという。しかし、わかり合えないからこそ、他人に自分がどう思われているかにとても気を遣い、他人を自分の主人公にしてしまう。

無口な上司のもとで働く社員は、気疲れで精根つきてしまうのである。

お互いに黙っていては心は通じあわない。だからこそ、逆に言えば、お互いが安心していられる。黙っていてもお互いの心がわかったら離婚は激増し、職場の人間関係も壊れてしまうだろう。

黙っていてお互いの心が通じあわないからこそ、言葉がとても大事なのである。その大事な言葉を私たちはとても粗末《そまつ》にしてきた。

私は、長年の経験から、

「人生にとって最も大切なことは、心のもち方よりも、まず言葉の使い方である」

「言葉によって表情も態度も心も変わる」

「ここちよい言葉は、心のビタミンである」

という確信を得た。

喜びも、悲しみも、みんな言葉が原因。言葉を大切にすることが、心を大切にすることになるのである。

〝言葉の文化〟を育て確立したとき、日本の精神文化も、その本来の〝いのち〟と輝きをとり戻すものと確信している。

言葉の文化の確立は、学者の知識や学問からではなく、全国の私たち庶民の日々の生活の中から芽生え、私たちの手で大事に育てていくものだと思うのである。

◆効果的に生きる原則①◆

◉自分の心がどんな動きをしても、そっと見守る。

◉対人関係では言葉に十分気をつける。

第二章

英知で生きる

◇悪者の悪知恵

ひとり暮らしの老人から、印鑑と銀行預金通帳と有り金全部を騙《だま》し取っていた男女二人の犯行の記事を新聞で読んだ。良心のかけらさえもちあわせていないような憎むべき悪い奴《やつ》らである。

彼らが老人を騙し、不幸のどん底へ突き落とすその手口について考えてみよう。

まず、彼らに価値観はなく、これといった決まった手段もないから、昨日まで効果があっても今日その効果がないとわかればさっさと捨て、より効果的な手口を創造する。彼らは悪の解説者ではなく、悪の実践者であり、悪の創造者なのである。したがって、必要に応じて自由自在に変身する。しかも、相手の弱点を見抜いてそれを巧妙《こうみょう》に突いていく。恐るべき悪知恵のかたまり、人間のクズと言える。

◇知識の解説者

人びとを幸せにしようと私も一生懸命やってきたが、悪人の悪知恵の効果と比べてみると全く無力感に陥《おちい》ってしまう。私は相手によかれと思って自分の考えを一方的に押しつけてきたと思うからである。よけいなお節介《せっかい》をやくなと恨まれたこともたびたびあった。

なぜ効果のないことを夢中でやってきたのだろうか。

「人間はこう生きるべきだ」という強固な価値観と手段をもっていたからである。それらが高名な学者の本で得た知識であればあるほど、その学者の名声や権威《けんい》に頼ってしまう。その知識や考え方がすでに効力を失い時代おくれになっていても、絶対に捨てない。捨てると自分が頼るべきものは何もなくなるからである。したがって、自らの実践者でも創造者でもなく、他人の知識の解説者にしかすぎなかったのである。しかも、解説者は自分は偉《えら》いと錯覚《さっかく》し硬直しているから、臨機応変《りんきおうへん》、自由自在に変身できない。相手の気持ちや都合を考える余裕はなく、勝手に自分の善意（知識）を押しつける。

相手が自分の考えに同意しないと、「あなたは、きっと不幸な目に遭《あ》う」と捨てぜりふを吐《は》く。

◇ 英知の人

人びとを本当に幸せにしている人たちがいる。

彼らは、もちろん自分の価値観はしっかりもっているが、それは自分にとってはいいものであるかもしれないが、他人に押しつけるものではないと心得ている。悩みのある人の相談にのっていても、無心であって、自分の価値観を出さない。その人を幸せにするために、その人の必要とするものを見抜いて適切に応えていく。そのためには手段を選ばず、最も効果のあるものを提供する。昨日まで効果があっても今日効果がなければさっさと捨てる。臨機応変、自由自在に変身できる。偉いと思っていないから、名声や権威に頼らない。

自らが実践し、その体験者であり、創造者なのである。

このように生きる人こそ〝英知の人〟と言えるのではないだろうか。考えてみると、悪知恵の逆だということに気がつく。

◇価値ある苦労と無駄な苦労

　お客さんがキュウリを買いにくる。店の主人は、

「あなたにはこの上等のメロンが一番いいのです」

と言ってメロンを押し売りする。

　かつて私はそのような、お客さんの必要に応えられない男だった。

　今も私は、相変わらず自分のいいと思うメロンを押しつけているのかもしれない。


　さて、自分を立派な人間に変えようと修行したり、自分の人間性に苦労するといった内省は、時代おくれの生き方である。貴《とうと》いいのちを無駄にする無駄な苦労だ。

　自分を百パーセント肯定し、そのままの自分で百点満点だと、自分に安心し

て、自分の目的達成に全力投球する。その目的達成の中での苦労には価値がある。

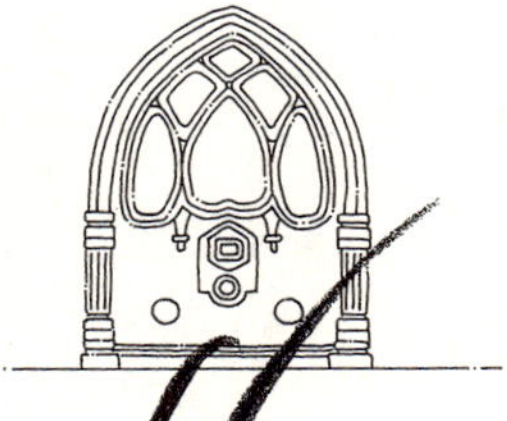

◇創造力の開発

世の中には、わからないこと、出来ないことがいっぱいある。当たり前のことだ。

わからないこと、出来ないことがあってはいけないと自分を責めると、目の前のわかっている仕事が手につかなくなる。したがって、創造力は萎《な》えてしまう。

自分にわからないこと、出来ないことがあっても安心すること。そうすれば、目の前のわかっているやるべき仕事の処理に集中できる。したがって、頭の中はフル回転し、創造力は最大に活動するようになる。その上、わからないこと、出来ないことばかりの未知の世界、ジャングルへ勇敢《ゆうかん》に入っていける。

M商事の部長だった彼は、十年前に定年退職し、年金で生活している。悠々《ゆうゆう》自適《じてき》の毎日だが、夫人や息子たちから嫌われている。なぜかといえば、彼は口を開けば部長時代の栄光を自慢するからである。

そのように、過去の楽しい経験は、今を生きる自分を、いつも過去の世界へ引き戻してしまう副作用がある。

苦しくて悲惨な過去の経験は恨《うら》みという副作用が、高学歴や高い地位は傲慢《ごうまん》さという副作用が、低学歴や低い地位は劣等感というひがみの副作用がある。

過去にこだわって生きると、目に見えないこと、耳に聞こえないこと、わからないことばかりに気をまわして生きるようになる。

プロ野球の選手は、過去の実績など問題にされない。

このようにわかってくると、今を生きている自分にとって昨日までの過去は、すべて役に立たない、無価値、無意味、無効果だと言える。しかも、過去に何をしていようともすべて無罪なのである。

過去いっさいを今の自分から切り離す。即《すなわ》ち、いっさい合切《がっさい》すべて捨ててしまうことである。

すると、不思議なことに、過去は昇華《しょうか》して副作用のない英知の結晶となって、最も効果的に今を生きるよう自分を臨機応変に導いてくれるようになる。したがって、人びとの必要が見えてくるようになり、適切な対応ができるようになるのである。

◇英知で生きる

二月七日、沼津市にある小学校のPTAに招かれ、午前十時から講演するため新幹線三島駅から東海道線に乗りかえ、沼津の次の原駅に下車した。

こちらに来たのは初めてで、日向《ひなた》は春の訪れを感じさせる暖かさだったが、日陰はまだ肌寒い。沼津の母親講座修了生の早川さんが自動車で迎えてくださる時間には、まだ十分な余裕があった。駅のまわりを見たい、そう思って私は改札口を出た。

そこに松蔭寺《しょういんじ》の案内板があり、お寺の境内《けいだい》にある白隠《はくいん》禅師のお墓が紹介されている。

『いいところに来た』そう思っているとき、早川さんの自動車が私の前にとまった。

助手席に乗った私は、

「早川さん、すみませんが、まだ時間があるので、ちょっと松蔭寺へ寄ってくれますか。私の最も尊敬している白隠禅師のお墓にお参りしたいのです」

「そこですから……。すぐです」

松蔭寺の境内には、見事な老松があちらこちらにあり、白梅紅梅が私たちを迎えるかのように咲いていた。

早川さんが指さした空高く伸びている大きな松の先端に、擂《す》り鉢《ばち》がさかさまにかぶさっている。

彼女の説明によると、この松は江戸時代から擂り鉢を帽子のようにかぶって大木に育ったので有名なのだそうである。そばの大きな墓石の下に白隠禅師は永遠のねむりについておられるのであった。

江戸時代、白隠禅師は人の心を癒《いや》し、病を治して何百人何千人という人びとを救われた禅僧として名高い。

白隠禅師の伝記を私は繰り返し夢中で読んだことがある。負けず嫌いで頭の鋭い青年僧白隠は『名僧になりたい』という燃えるような野心のもち主だったようで、そのため一心不乱《いっしんふらん》に勉強し、仏典に精通し、教義について誰と議論をたたかわせても負けることはなかったようである。

また、人の二倍も三倍も、それ以上に座禅《ざぜん》にはげみ、厳しい修行をつづけた。

そのようにいくら精進《しょうじん》努力を重ねても、自分で納得できる無心の境地にたどり着くことはできない。せっかくいい心境になれたなと思っても、次の瞬間には、嫌《いや》な自分が顔を出している。

どこへ行っても、何をしていても、その嫌な顔が自分にまとわりついてくる。どうもがいても、その嫌な自分の壁がこえられない。というよりも、精進努力をすればするほど、自分が言行不一致《げんこうふいっち》の偽善者のように思えて、その壁は高くなるばかりだった。

根が正直者だった彼は、自分の気持ちをごまかすことができなかったのである。遂《つい》に、焦《あせ》りが高じて彼は絶望の淵《ふち》に沈んでしまった。

「駄目《だめ》だ。自分の性格は僧に向いていない」

そう思って、僧衣を切り裂いて捨て、仏典や自分が長年学び記述した帳面などをすべて焼き捨てた。

煙がのぼっていく大空に向かって、彼は大声で「坊主も何もかもいっさい合切捨てたぞ！　馬鹿野郎《ばか》！」とどなった。

その瞬間、不思議なことに何かしら自分が求めていたものがわかったような気がしたのである。

さなぎが脱皮して蝶《ちょう》になるように、彼は知識で生きる青年僧から名実ともに英知で生きる白隠禅師に開眼《かいげん》したのであった。

◇あるお母さんの体験

手足が震《ふる》えるため、精神科に通い、安定剤をいつも服用しているお母さんが私に話を聞いてほしいということで一時間あまりお会いした。

彼女の幼い頃は貧乏のどん底。父親は働かず朝から酒を呑《の》んでいる。酔いがまわると母親をなぐる蹴《け》るの虐待《ぎやくたい》をする。中学校を卒業すると高校へは進まず働きはじめた。しかし、悪友にそそのかされて横道にそれてしまい、いかがわしいところで働いたこともあったが、中学時代の親友に再会し、彼女の助けで立派に立ち直ったのである。

彼女は、親友の勤めている電気会社に再就職した。そこで、今の夫と知り合って結婚し、二児の母親となったのである。

主人はよくできた人で、私をとても大事にしてくれるけれど、やさしくされればされるほど、過去の古傷がうずいてきて自分を責める。主人に過去は知られたくないが、黙っていることは不正直であり嘘《うそ》つきなのだろうかと罪悪感のとりこになってしまう。長男が生まれてから手足がしびれ、震えるようになった、と苦しい胸のうちを話しつづけられた。

彼女の話を聞きながら、私はつい眠くなって大きなあくびをした。

「なぜ一生懸命、聞いてくださらないのですか」

と、彼女は少々気分を害した様子。

そのとき、思わず私の口から出た言葉は、

「あなたは、昨日までの新聞はどうしますか」。

「ゴミ箱に捨てるか、チリ紙交換へ出します」

「そうでしょう。自分にとって何の役にも立たない自分の古新聞を、いつまでも後生《ごしょう》大事にあなたは握りしめて、それで過去と関係のない今の自分を執拗《しつよう》に責めている。馬鹿げたことです。自分をみじめにするようなことはやめなさい。

いいご主人なのでしょう。今、自分のまわりに与えられている幸せなこと、有り難いなと思うことを紙に書いてみてごらんなさい。たくさんあるはずですよ」

「わかりました。過去とは別離します」

と、彼女が力強く宣言したとき、不思議に手足の震えはとまった。今では素晴らしいミセスとなられた。

私はそのとき彼女に次の詩を紙に書いて渡した。

◇馬鹿みたいに

馬鹿みたいに
　何をそんなに心配しているの
今　なんでもなかったら
　なんでもないのです
人生って　今なんだから
馬鹿みたいに
　黄色くなった古新聞を握りしめて
　自分を苦しめるのはやめよう
馬鹿みたいに！

◆効果的に生きる原則②◆

過去に一切こだわらず、目に見えないこと、
耳に聞こえないことに気をまわさない。

第三章

人生設計

◇会社は誰のためにあるのか

ハイテク会社技術担当常務の吉田さんは、

「先端技術を開発する頭脳は四十歳まで。四十歳を過ぎると鈍《にぶ》ってきますからな」

と、話してくれた。

家庭を犠牲《ぎせい》にし、汗と油で先端技術を開発しているエンジニアは、彼らの能力が鈍るとたちまち落伍《らくご》の憂《う》き目を見る。昇進試験も地獄の苦しみ。

「今年の試験に落ちた中堅社員の中から自殺者が出たのです」

と、心配そうな顔をしたのは、私の友人の部長夫人だった。

若い会社でも、中堅社員が四十歳を過ぎるころには、子会社を含めて役員ポストに空席はない。企業にとって、人材も頭脳も消耗品《しょうもうひん》にしか過ぎなくなったのだろうか。

かつて、仕事は人々のためにあり、人々の家庭生活を支えてきた。しかし今では、無人工場でロボットが仕事をしている。自分にとって会社とは、工場とはいったいなんなのだろうか。

独立しても楽ではないが、会社勤めに矛盾《むじゅん》を感じた青山さんは長年勤めた会社を辞め、退職金で家具の販売を始めた。売り上げの一割が利益だとすれば、百万円売った場合、利益十万円。それに売れない在庫もある。人を雇うと給料と諸経費がものすごくかかる。

「会社に勤めていたころ、私の給料は四十二万円でしたから、毎月四百二十万円以上売り上げなければ生活できません。気苦労も多く、病気をしたらお手あげ。世の中は厳しいものです。その点サラリーマン時代は楽でした」

と、苦労話をする青山さんは早朝から夜遅くまで身を粉《こ》にして働いて、ようやく家具店は軌道《きどう》にのった。

「妻の協力があったからです」と。

◇人生の設計

誰かに自動車に乗せてもらった場合、道順をなかなか覚えられない。自分で苦労して探しながら行くと、よく覚えるものだ。

会社という自動車に乗せてもらっていたあるサラリーマンNさん。

「もう定年だ。降りろ」

と、急に言われて再就職先を探している。

サラリーマン時代、自分の頭で考え、自分の判断で行動するタイプだった渡辺さん。彼は定年後の再就職先で、グチ一つ言わず、相変わらず元気に張り切っている。自分の人生を自分で完全に責任をもっているからである。

そういう人たちは、人生を楽しく過ごすことができる。

◇人を憎むことは無駄なこと

動物の世界は
弱肉強食で進化してきました
これが逆に
強肉弱食であったらどうでしょう
地球上の生物は退化を続けて死滅
月の表面のように
殺風景《さつぷうけい》になっていたでしょう
弱肉強食は大自然の掟《おきて》です
神さまの意思でもありましょう

蛇《へび》が蛙《かえる》をのんでいます
蛇は罪悪感をもたず

蛙も蛇を憎みません
人間社会も弱肉強食
やられたからといって憎んでも
蛙が蛇を憎むようなものです
蛇は痛くも痒《かゆ》くもありません
憎むことは無駄《むだ》なことです
蛇を憎めば
自分の憎しみで蛙は
地獄の底を這《は》いまわるようになるでしょう
憎しみとは
い、い、い、い、い、い、い、
そんなにも恐ろしいものなのです、

地球上には
罪というものは最初はなかった
人が増えて考えの違う人びとが仲良く暮らすため

人間がルールを作り
違反を罪としたのです
罪は　人間が勝手につくり出したものです
相手にやられて我慢できなければ
恨《うら》む代わりに裁判で決着をつけることができます
そして　もし相手が許せなかったら
自分で恨みを晴らすのをやめて
天意に任せよう

憎しみも怨《うら》みも罪も
自分の生命とは別のところにあります
そんなことにかかわるより
自分がやらなければならないと思う別の道に
一生懸命になりましょう
そのほうが　ずっと賢い生き方です

◇「頭のよさ」とは

頭のよさとは　知恵あることで
問題に対する解決能力をいう

頭のよさは　知識だけではありません
自分が
他人や自分から
解放されていると
頭がよくなろうと　焦《あせ》らなくても
頭がスッキリし　勘《かん》がよくなる

英知は
自分が自分の主人公になって今を生きると

自然に備わってくる

◇自立しよう

経済的に破綻《はたん》すれば　だれも助けてはくれない
他人に対する親切も　自分を確立してこそできる
自分の人生は　自分のためにある
だからどんなに犠牲を払っても　自分の生活基盤は
自分の力で確立しなければならない
ひとは　自分中心に生きるのが自然だ
利己的に生きるのではない
自分中心に生きないから集中力を失い
他人の思惑《おもわく》に支配され　自己統一ができない
自分中心に生きることが罪悪だと思っていた私は
他人と自分との板ばさみになって苦しんできた
しかし　自分中心に生きるのは当たり前のことだと知って

私はようやく自分をつかむことができたのです
他人からも自由になって自立できたのです

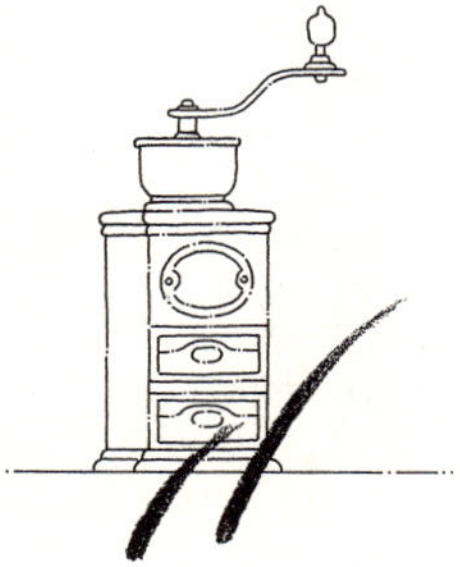

◇転職するには

その昔、あわて者がいた。彼は、自分の乗っている船が火災をおこし黒煙をあげているのを見て、どの程度の火災か確かめず、安全を求めて海に飛び込んだ。

哀《あわ》れにもこの男はサメに食われてしまった。

サラリーマンが働きがいを求め、自分の人生を生きがいのあるものにするため、自分の性格や好みに合った職場に移ろうとするのは当たり前のことである。特に、若いうちはそうだろう。

しかし三十歳を過ぎて転職を考える場合、自分が社内に今まで蓄積したものの価値を十分に考えなければならない。なぜなら現在は、社内のどこへ行っても顔がきくけれども、転職先では、初めからやり直さなければならない。

転職する場合は感情に走らず、綿密な計画を立てることが肝心《かんじん》である。

世の中をひとりで歩いてゆくことはできない。まず、人生の伴侶《はんりょ》たる妻の同意を得ること。妻の同意が得られなければ、どんなに好条件な転職先でも中止すること。

もし、転職の理由が感情の問題であれば、退職の準備をする前に、その感情の問題を解決するように努力すること。その難問を解決してしまえば、退職する必要もなくなってしまうでしょう。

また、たとえ転職しても、今日の自分に育ててもらった会社とは、いつ訪ねてもよろこんで迎えてもらえるような円満な関係を保っておくこと。世の中は広いようで狭《せま》いものなのであるから。

◇ 錯覚

相手が自分に対して
ものすごく悪くなると
こちらも相手に対して
〝自分はものすごく正しいのだ〟
といった錯覚《さっかく》に陥《おちい》って
相手とまったく同じ間違いをしてしまうのが人間だ
特に　気が短くて正義感の強い人は
気をつけなければならない

◇極限の行動について

自分には
そうするしか方法が
なかったんだ

極限の状態でとった
自分の行動について
罪悪感をもつ必要はない

自分には
そうするしか　ほかに何も
方法がなかったのだから……

◇人生の目的は自分で設定しよう

無目的でやった成功は　まぐれだと思うから
　その体験は身につかない
無目的でやった失敗は
　自信を失い劣等感の原因となる
人に言われた目的で成功した場合　人のせいだと思うから
　喜びや満足感が薄い
人に言われた目的で失敗した場合は
　人を恨むようになる
自分が設定した目的　たとえそれが小さくても成功した場合は
　喜びと満足感に溢《あふ》れるから　自信となる
自分が設定した目的で失敗した場合は
　それは失敗ではなく

人生の貴重な体験として生かされるから宝となる
目的をもつと知恵が湧《わ》き　知識も知恵に変わる
やる気も出てくる
自分の目的は祈りと執念《しゅうねん》で必ず達成できる

◇継続は力なり

〝継続は力なり〟

人生訓として大切な言葉である。

しかし、自分がやっていることを成功、失敗といったものさしで見ていると、継続する努力はむずかしくなる。

電球の発明という目的のために何千回も失敗したといわれる発明王エジソンは、自分のやっていることをすべて体験として見た。

エジソンは、よろこびをもって〝継続は力なり〟を体験した。だから彼は、天才になれたのであろう。

◇不遇の時代は蓄積の時代

日本画家・東山魁夷《ひがしやまかいい》先生が、あるテレビ番組の中でインタビューにこたえて、こう語られた。

「不遇《ふぐう》の時代が長いほど、自分の中に蓄積されるものは大きいのです」

そのテレビを見て私はこう思った。

『なるほど、不遇の時代は確かに自分の中にさまざまなものを蓄積できる時代であるかもしれない。しかし、才能のある人ならまだしも、私のような凡人だと、ただ不遇の時代が長いだけであったら、身も心もすねてしまうだけではないだろうか』

不遇の時代は誰にでも訪れるものである。そのような時こそ、ひとはたとえ小さくても生きがいのある目的をもたなければならないようである。

◇一流人とは

一流人とは、一流大学を出て一流企業に勤める人を言うのではない。一流人とは、学歴などに関係なく、自分のいるところ、行く先々を一流にする人。だから、左遷《させん》されても嘆くことはない。自分の努力でそこを一流にする。そうすれば、自立できる。それが一流の実力である。

三流企業が一流企業に脱皮するのは、そんな人が大勢いるから。

包装紙より中身が大切。

今、自分のいるところを一流にしよう。あなたも、私も、一流人なのだから……。

◇笑顔になった営業部長さん

北陸のある街《まち》での社員研修会に招かれて講演に行ったときのこと。

顔色が悪く、疲れ果てた営業部長さんが私と雑談したあとこう話された。

「私は三月まで技術開発部長をやっていました。四月から営業部長になったんです。名営業部長と言われる前任者のあとを引き受けたので、私も名営業部長と言われるように一生懸命努力してきましたが、うまくいきません。最近では床《とこ》についても仕事のことが気になり、眠れないのでどうしても深酒になってしまうんです。目覚めは悪いし……」

「なにも前任者のまねをする必要はないではありませんか。技術開発部長としての豊かな経験を生かし、あなたの味を出した、あなたそのままの営業部長でいいのではないですか」

「そうか！　私は、私ではない虚像《きょぞう》を心に描き、それに私を合わせようとつっぱっていたのですね。そのままの自分でいいのですなあ」

硬《かた》かった営業部長さんの表情が私の目の前で急に笑顔に変わった。

「そのままの自分でいい」

何と簡単なことか。ところが一番簡単なこの方法に、ひとはなかなか気づかない。

◇開き直る

「人間は、自分に都合の悪いことを黙《だま》って他人のせいにしなければ幸せに生きることができない」

この考え方に私は初めは賛成しかねた。

でも、人間の本性《ほんしょう》を知れば知るほど、これが事実だということがわかってきた。人間は自分本位でなければ強く生きられない。利己的に生きるということとは違うのである。

他人との約束を守らないことは無責任である。

しかし、自分に都合の悪いことを黙って他人のせいにしても、それは無責任とはいえない。その他人は、何の害も受けないからである。

自分に都合の悪いことを他人のせいにして自分を救っている人は、自分に都合の悪いことを簡単に直すことができる。しかも、そのような人は他人を責める気持ちも起こさず、忘れることもできる。

その他人は、自分の気持ちを変えるために役に立ったからかもしれない。

自分に都合の悪いことを、すべて自分のせいにして責任を感じ自分を責める人は、同時にまた、きつい顔をしてまわりの人々をも責める。そして、自ら落ち込んでしまうことになる。

まじめなサラリーマンで、会社から与えられた仕事がうまくいかないといって、自分を責め、絶望し、自分を追い詰める人が少なくない。

うまくいかない仕事を与えた会社や上司の責任であって、本人はちっとも悪くないのである。しかし彼は、そのことに気がつかなかったのである。

「自分が困り、苦しんでいるのは会社のせいだ。自分は一生懸命やっている」と、開き直る。原因は会社や上司だと思うと、心が元気づいてくる。

それが自分本位ということ。

自分を悪者にして、自分で自分を追い詰めても何の益もない。あとに残されているのは自殺の道だけである。

開き直ると、自分を責める気持ちが薄らいでくる。自分を追い詰めることが無益なことだと気がつく。

プロペラ機でイギリスへ行ったとき、私の話す英語がイギリス人には理解されず、不安と絶望にとりつかれてしまったことがある。そのとき、「自分は一生懸命イギリス人に英語をしゃべっている。理解できないのはイギリス人が悪いのだ」と思ったとき気持ちが楽になり、英語が急速に上達した。

職場が面白くないからといって、自分を責め、絶望することはないのである。

「この課長は人を見る目がない」

と思うと、胸がすーっとする。

営業マンは、品物が売れないからといって絶望することはない。

「自分は日本一の営業マンだ。品物が売れないのはお客が悪い」

と心で思う。すると勇気が湧いてくる。

K営業部長はこう述懐《じゅっかい》している。

「入社してまもなく営業へ配属されました。しかしいくらがんばっても品物は売れません。落ち込んで、会社を辞めようかと思いはじめたとき、営業課長が『君はよく頑張っている。品物が売れないのは、お客が悪い』とひと言、言ってくれました。その言葉が今も忘れられません。その営業課長が今の社長です」

か弱くて、傷つきやすい心を自分で責め立てると、どん底に落ちて立ち上がれない。その結果、人格破壊を起こしながら一生を送るようになる。自分を責めて自分本位の心を捨てたからである。

黙って、他人のせいにして自分の心を守ること。他人のせいにするということは、即《すなわ》ち、開き直るということである。すると、前進できる。

自分を見失ってどうにもこうにもならなくなったらまず、自分を責めることをやめなさい。そして、そのままの自分でいいのだと開き直る。

すると、強い自分がよみがえってくる。

それが開き直るということである。

◇一冊の教育書を三冊に読む

子どもを育てるのも、部下を育てるのも、また、自分を育てるのも、まったく同じである。

なぜなら、子どもも、部下も、自分も、温かくてやさしい言葉をかけてもらうことによって育つからである。

私は、教育書は、子どもを育てるためだけでなく、部下や自分自身を育てるためにも利用できると思っている。「子ども」という字に「部下」という字や自分自身の名前をあて、「お母さん」という字に「上司」とか「社長」という字をあてはめて読むのである。そうすると、内容が身近になることでとてもよくわかるようになるのである。一冊で、三冊分楽しめるわけだ。

拙書『[百点満点の子どもに育てるために]どんどんほめればグングン伸びる』（ＰＨＰ研究所刊）に、次のように書いた。

●子どもが変わる魔法の言葉

「お母さんは、あなたが大好きよ」
「あなたは、お母さんの宝ものよ」
「どんなことがあっても、お母さんはあなたの味方よ」

これを、

●部下や妻が変わる言葉

「おれは、君が気に入っている」
「君は、おれの大切な人間だ」
「どんなことがあっても、おれは君の味方なのだ」

と読めば、誰にでも活用できるようになるのである。

◇上司の言葉で社員は変わる

二年前に大学を卒業して電機会社に入社した佐藤君はどこか元気がない。

仕事をしないというわけではない。もちろん、遅刻をするのでもない。しかし、言いつけられたことを、ただ黙々《もくもく》とこなしているだけで、どうもつまらなさそうである。他の社員ともあまりしゃべっているところを見ない。

心配した吉田課長は、人事課に頼んで彼を社外訓練に出してみたが、効果はさっぱり。やはり、どことなく元気がない。

佐藤君をどう扱えばいいのか困りはてた吉田課長は、友人に勧められて、私のやっている父親講座に参加した。そして、課員のやる気は自分とのかかわりにかかっているのだということに気づいたのである。

その翌日、早速、吉田課長は彼を誘った。

「佐藤君、会社がひけたらつき合えよ」

「はあー」

と、佐藤君は気のない返事。

赤提灯《あかちょうちん》ののれんをくぐってビールをつぎながら、吉田課長は、佐藤君にこうやさしく言ったそうである。

「佐藤君、今までゆっくり話すことができなくて悪かったな」

「おれは君のようなタイプの人間が好きなんだ」

「君はとてもいい素質をもっているし、課の宝ものになると信じている」

「失敗を恐れるな。いいか、どんなことがあっても、おれは君の味方だ。その責任はおれがとるから安心しろよ」

課長の言葉を聞きながら、佐藤君は『自分は課長を誤解していたなあ』と思ったそうである。

佐藤君が翌日から目の輝いたヤル気人間に変わったことは言うまでもない。

人を育てるということは、リーダーの役目である。しかし、相手を育てることばかり考えていては、人は育たない。その人がいるだけでまわりの人が自然に育っていく、そのためには自分を育てることを怠《おこた》ってはならない。そのような人こそ、真のリーダーであり、教育者ではないだろうか。

◇社員のやる気

社員にやる気を出させようと思うなら
たとえわかっていることでも
社員に相談してみるとよい

そして彼から得たアイデアが
たとえ効果が少なかった場合であっても
心をこめて「ありがとう」と
社員に　感謝の言葉を伝えよう

彼の心は　次第に躍動を始め
やる気人間に変わります

これがひとを育てるコツです
人間は　他人に役立った　よろこびの経験で
自分の人間的価値を知り
生きるよろこびを　からだで感じる

◇聞き上手な上司は業績をあげる

社員がいちばん幸せなことは
　自分の胸のうちを
批判　説教　意見を言わないで
全部そのまま熱心に聞いてくれる
口の堅《かた》い上司のもとで働くことです

聞き上手の上司は部下を幸せにします
聞き上手になるためには
部下が　自分を味方だと思う言葉
部下の気持ちを汲《く》んだ言葉を
率直に言うことです
部下の気持ちを汲んだ言葉は

部下の気持ちを温かくします

自分の口から出る部下の気持ち
それが　聞き上手のコツ！
部下は安心して心を開きます
自分の気持ちを言ってもらうと
ストレスが消え　心が癒《いや》されます

自分の言葉が
善悪で判断されることなく
相手にすべて受け入れられたとき
気持ちがとても元気になり
自信が育ちます

◇リーダーシップ

リーダーシップは
自然にそなわるものです
しかし　ヘッドシップは
腕ずくで獲得する権力の座
大切なのは
自分のまわりの人々から与えられる
リーダーシップです
それは　権力ではなく
人柄《ひとがら》と言ってよいでしょう
他人の心の痛みがわかることであり
子どもの不安を取り除く親の心に似ています

◇部下からみた上司のタイプ

押しつけタイプ
その人のそばにいると
その人はいかに優秀で頭が切れるかを思い知らされる反面
こちらがいかに駄目《だめ》人間かも思い知らされる
そして　その人から離れるとホッとする

引き出しタイプ
その人のそばにいると
その人は優秀で頭が切れることをこちらに全然感じさせない
むしろこちらの方が大物になったような気持ちになってしまう
そして　その人から離れるととても淋《さび》しく感じる

◇臆病者こそ強くなる

世の中に強い人間はひとりもいない。みんな臆病《おくびょう》者と言っていいだろう。徳川家康は、臆病者の見本のような人です。臆病であったからこそ、豊臣家から権力を奪って、全国に網《あみ》の目のように細心な管理体制を敷き、徳川三百年の基礎を築くことができたのである。

家康と私たちの違いとは何か。

私たちは、自分の中に住んでいる臆病虫をうまく活用していない。家康は、自分の中に住んでいる臆病虫を情報担当の家来にして縦横《じゅうおう》に使いこなし、綿密な対策を立てた。それが強者の条件である。

大胆な社長は、会社をつぶしかねない。しかし、臆病な社長は情報収集し、いろいろな手をうつことができる。だから会社は安泰に栄えるのである。

◇言い出しっぺになろう

同じ人生なら、言い出しっぺがよい。

からだが弱かった私は、小学生のころ、遊びの言い出しっぺから「お前はいれない」と言われて、たびたび悔しい思いをした。

言い出しっぺは、リーダーになるための最大の才能である。年齢も学歴も関係ない。

例えば、世界のホンダの創業者・本田宗一郎氏は言い出しっぺの代表格だが、高学歴者ではない。しかし、本田氏に採用してもらう場合には、学歴や特技が要求される。

人間にとって一番悲しいことは、他人の価値基準で自分を評価されることである。

言い出しっぺは他人の価値基準で評価されない。たとえ評価されたとしても、そんなものは気にしなくてよいのである。

◇あなたも社長になれる

誰でもその気になれば、今すぐ社長になれる。社長になれば、自信が湧いてきて目の前が大きく開ける。人間関係の嫌《いや》なことも霧散《むさん》してしまう。

しかし二十数年前、私は他人の評価が恐ろしくていつも小さくなっていた。私が勤めていたH社の東京支社はお堀端にある巨大なビルの七階だった。昼休みには、一階の喫茶店でコーヒーを飲みながら同僚たちと不満をぶっつけ合った。自分が自分の主人公になっていないために、不平や不満ばかり出てくるのである。

そのころの一年は、あっという間に過ぎていった。こんな調子で定年を迎えたら、どうなるだろうと思うと背筋が凍る思いがした。

そのとき気づいたことは、次のようなことである。

人間にとって一番大切なことは、自分が社長になることだ。しかし、サラリーマンは、自分の一カ月の努力、実績、信用が、残らず毎月の給料で精算され、何も残らない。自分の手元に残るのは給料だけだ。

サラリーマンは、いくら前月に営業実績を抜群にあげても、毎月、さらにまた、実績をあげなければ、その責任が追及される。競走馬のように、いつも最大の努力を要求されるのがサラリーマンの宿命なのか……。

会社は、サラリーマンの大将だから、社員の努力、実績、信用がどんどん蓄積される。だから会社は加速度的に大きく成長する。

サラリーマンが『もう走れない、疲れた』と言って、自己都合で会社を辞めれば、退職金は雀《すずめ》の涙ほどもないだろう。

そのうえ、自分以外の人間が、日常の自分の生活態度や仕事ぶりを見て、あれこれ自分を評価する。評価する人が人を評価するだけの人格と能力をもち合わせていなくても、その人の意思によって、たった一度の人生が決定的に左右されてしまうことになる……。

それではどうすればよいか。

これらのことに気づいた私は、その日のうちに山崎会社を設立し、社長になったのである。

勤めているH社を退職したわけではない。副社長は妻。社員は息子二人。私は、給料をもらうためにのみ働くのをやめたのである。

山崎会社の社長たる私は、毎日、H社へ出社してゆく。そしてその報酬《ほうしゅう》を毎月二十五日に受け取る。そうすれば、自分の努力、実績、信用は、山崎会社へ蓄積され、山崎会社は大きく成長する。

山崎会社の社長になって気がついたことは次のこと。
(1) 上司が私をどう思うかという心配や思惑から、完全に自由になった。
(2) 他人の昇進が気にならなくなった。
(3) 子会社や関係会社の人たちに対して誠意をもって接し、威張《いば》らなくなった。その人の地位や背景に左右されなくなった。
(4) どんな仕事でも、勉強だと思うようになり、集中するようになった。
(5) 夜間の実務講座に通って、実力養成のために思い切った投資を自分にするようになった。
(6) 人間は自分の努力が百パーセント。自分のまわりの人の協力が百パーセント。合計二百パーセントで大きく成長するということもわかった。

(7) 世の中が広く開けるという実感が湧いてきた。

自分が自分自身の大将になっているサラリーマン、それが大会社の社長である。

◆効果的に生きる原則③◆

◉信念をもったやさしい言い出しっぺになる。

◉即ち、自分が自分の人生の主人公。

◆第二部　まとめ◆

効果的に生きる三原則

【原則1】
言葉に十分気をつける。

【原則2】
過去にいっさいこだわらない。

【原則3】
自分の人生の主人公になる。

第三部

あたたかい家庭をつくる

第一章

やさしい言葉はいのち

◇家庭とは

家庭とは
許しと癒《いや》し
温かさと
やすらぎのあるところ
わがままが許され
どんなことでも話ができる
仲のよい
味方どうしが
住んでいるところ

◇お父さんのほめ言葉

「妻を口先だけでいいからほめてごらんなさい。奇跡がおこりますよ」

そう言われた山本部長。

考えてみると、山本さんは、結婚して以来、文句を言ったりどなることはあっても、ほめたり、「ありがとう」と言ったことがなかった。

日曜日にゴルフへ行くのをやめ、久しぶりに家族と食事をした夜のこと。しらふではとても駄目《だめ》。酒の勢いを得て、息子と娘にこう言ったそうだ。

「お父さんのお母さんに対する態度は悪かったと思う。しかし、お父さんはお母さんが好きなんだ。料理も上手だし……」

お母さんは目を白黒。すると、息子と娘が、胸のうちにあることをみんな話しはじめた。

山本さんはびっくりした。いつもなら食事がすむと、二人は部屋に引っこんでしまうのだから。

そのときの奥さんの笑顔に、山本さんはあらためて惚《ほ》れなおしたそうである。

◇悲しいこと　うれしいこと

年齢に関係なく
人間にとって一番　悲しくて　淋《さび》しくて　苦しいことは
好きになった人から
「好きよ」と言ってもらえないことです
お父さんが元気が無いのは
「好きよ」とお母さんが言わないからです
お母さんが悲しい顔をしているのは
「好きよ」とお父さんが言わないからです
子どもたちが淋しいのは
「好きよ」とお父さんとお母さんが言わないからです
人間にとって一番　うれしくて　楽しくて　幸せなことは
好きになった人から

「好きよ」と言ってもらったときです
みんなの目が輝いてきます
「好きよ」というひと言は
どんな高価な金品でも代用できるものではありません

◇子どもの誇り

子どもは、ほめたりかばったりしてくれるお父さん、お母さんを誇《ほこ》りに思う。その誇りが子どもの誇りとなって子どもを前進させる。また、横道にそれた場合でもその誇りが復元力になり、子ども自身の中に自律心《じりつしん》を育てる。それが本当のしつけである。

それは会社の中の上司と部下の関係にもあてはめることができる。

大会社の重役さんの息子さん。彼はお父さんを偉《えら》いと思っているけれど、会うたびに自分を叱《しか》るので、父親を誇りに思っていない。だから彼は自分にも誇りをもつことができず、いつもションボリしている。

誇りとは、地位やお金とは無縁である。自分をかばってくれる人、自分を大切に思ってくれる人を身近にもつことが誇りとなるのである。

◇やさしい言葉

やさしい言葉は
　人々にいのちを与える
やさしさは
　言葉になってはじめて
いのちを得るものだから

◇すべて言葉で決まる

私が特に執念《しゅうねん》深い男なのかもしれないが、三十数年前、ある人に言われたひと言が未《いま》だに心の深手《ふかで》となっていて、ひょっとしたことでその人を思い出すと、昨日のことのように腹が立ってくる。私の心をこんなにまで傷つけようと、その人が思っていなかったことは確かである。けれども、言われた私の胸のうちは未だにおさまっていない。

家庭や職場でお互いが最も影響しあうのは、お互いの口から出る言葉である。お互いの胸のうちにある心ではない。それなのに私たちは、心ばかりを重要視してきた。そのため、よいことを実行しようとする場合、まず心を変えてからやろうとする。しかし相手の言動に左右されて、結局は実行しようという気持ちを失ってしまう。

仕事をしていても不機嫌な奥さんのことが気になるDさん。どうしてなんだろう。今日、帰ったらやさしい言葉をかけてやろうと思った彼は、奥さんの好きな和菓子を買って帰った。

「無駄《むだ》な買い物しないで！」とひと言、ぴしゃり。

いやな女房だなあと思ったとたん、やさしい言葉はDさんののどの奥へ引っこんでしまった。

いつも夜中に酒の臭《にお》いをプーンとさせて帰ってくる夫に対して「ご主人は外で働いているのだから、やさしい言葉のひとつもかけてやりなさい」と言われても、夫の顔を見れば奥さんの頬《ほお》はピクピクひきつって、やさしい言葉どころではない。

相手はどうでもいい。自分が幸せになるために、自分の心の壁を乗りこえるためには、自分に対する相手の言動を気にしない。たとえそのときは腹が立っていても、そのままそっと横に置いて気にしない、安心する。とにかく、肚《はら》をすえてやさしさを演技する。そのようにすれば、自分が実行しようと思うよいことが簡単に実行できる。横に置いた心もそれに連動して変わってくるものである。

本質的に、私たちは人間である。心、言葉、態度を一致させることなど不可能である。夫や妻、父親・母親などは役割であって、それぞれを演技すればよい。そうとわかれば気持ちがとても軽くなる。その役割は、自分の本心以外のところにあることをしっかり自覚すべきである。部長、課長といった組織のリーダーも、その役割に応じた演技が要求されているのである。

若いお母さんが感情まる出しで幼いわが子をガミガミ叱る。お母さんの言葉で否定されつづけたその子の脳は発達が遅れ、そのうえ、体の発育まで止まってしまう場合もある。

父親失格だと思っているお父さん。

母親失格だと思っているお母さん。

大丈夫ですから、やさしくて頼もしいお父さんを演技してみてください。やさしいお母さんを演技してみてください。わが子にこころが温かくなる言葉をいっぱいかけてやってください。お父さん、お母さんの言葉で肯定されたその子の脳は急速に発達し、体もぐんぐん成長します。立派に育っていくわが子を見ているだけでお父さんとお母さんは幸せを感じる。そうなると演技が変わって本心からやさしくて頼もしいお父さん、お母さんに変わるのです。

また、同居しているお年寄り、おじいちゃん、おばあちゃんも同じこと。家族から温かくてやさしい言葉をいっぱいもらっていると、認知症にはならないのですが、冷たく邪魔もの扱いされると、認知症は急速に進んでしまいます。

若いお嫁さんが老いたお姑《しゅうとめ》さんをやさしくいたわっている姿には感動する。たとえそのやさしさが本心からではなく演技であったとしても、お姑さんはとても幸せである。

愛情や思いやり、やさしさが心の中に溢《あふ》れるほどあっても、言葉や態度に表さないと無意味である。しかも、そのような思いやりが心の中にいっぱいあると思っている人ほど、逆に言葉や態度がきつくなってしまうのはなぜでしょうか。

◇嫁・姑の問題も解決

父親講座に参加された電機会社の部長の話である。
「母と妻が仲が悪いから心配で、仕事が手につかなくなります。みんな不機嫌な顔。家の中が氷のように冷たくて、仕事の疲れがとれません。何かいい方法はありませんか」と深刻な表情で私に相談された。

母親講座に参加された鈴木さん。彼女は四十五歳、太っておられ、甘いものには目がない。ご主人は三人兄弟の次男でサラリーマン。兄弟はみんな東京、千葉などに住んでおられる。

三人の嫁に嫌われている口うるさい七十五歳のお姑さんは山梨でひとり暮らし。三人の嫁のうちで一番お姑さんを憎んでいるのは鈴木さんである。高校三年生だった長男を交通事故で亡くし、悲しみのどん底にあったときに、姑が慰《なぐさ》めてくれるどころかひどいしうちをしたことが今もって許せないからである。

この嫌《いや》な姑が五月に、それぞれ一週間の滞在予定で兄と弟の家へ泊まり、最後に鈴木さんのところへやってくる。どうすればいいか鈴木さんから電話で聞かれたので、「嫌な姑はいくら憎んでもいい。しかし、言葉や態度には十分気をつけるのですよ」と答えた。

兄や弟の家では「嫌なおばあちゃん、さっさと山梨に帰ればいいのに」と、口には出さないが冷たい態度でみんなから邪魔もの扱いされ、一週間を三日に切りあげてやってくると弟の家から電話で知らせが入った。

鈴木さんは姑を駅に迎えに行く前に、とてもたまらないから押し入れの引き出しの奥に、姑への恨《うら》みつらみをそっと押しこんだ。

たったひとりで姑はブツブツ言いながら電車から降りてきた。言葉と態度に気をつけようと思った鈴木さんはニッコリして「おばあちゃん、ようこそ。待っていたのよ」と姑の小さな手荷物をもち、骨と皮ばかりの手をとって案内をした。

こっそりひとりで食べようとデパートで買った羊《よう》かんがあったのを思い出した。

「これはね、おばあちゃんが来られるので、一番上等なのを買ったのよ」と、新茶をおいしくいれ、羊かんを添えて出した。

おばあちゃんはうれしそう。鈴木さんはおばあちゃんにやさしい言葉をいっぱいかけた。お風呂の湯かげんを見てあげたり、肩の骨が痛くないように気をくばってもんであげたり、ふかふかしたふとんに寝かせてあげたりした。

一週間の予定をはるかに越えておばあちゃんは帰っていった。ひとりではあぶないから付き添って行くと言っても、気丈なおばあちゃんは「大丈夫！」と言って耳をかさない。最後駅で別れるとき、「おいしいものを食べてね」と封筒に二万円を入れて渡してあげた。

「夜の九時過ぎ、私がお風呂に入っているときおばあちゃんから電話がかかってきたようでした。『とても楽しかった、ありがとう』と、よろこんでいたよと、主人はお風呂に入っている私をのぞきこんでニコニコ顔で報告してくれました。

バスタオルで体を包み髪をかきあげる、鏡に映った私の顔。ニッコリすると鏡の顔もニッコリする。変な顔をすると鏡の顔も変になる。嫌だったおばあちゃんの昔の顔は、もしかすると私の顔が映っていたのかも……。

それから数日して、おばあちゃんの夢を見ました。どんな夢だったかは忘れましたが、目がさめたとき私の枕は涙でぬれていました。

ああ、そうだった。忘れていた。そう思って押し入れの引き出しをあけてみたら、あのときしまいこんだ恨みつらみは消えていました。『たとえ悪い姑でも、憎んではいけません。言葉や態度に十分気をつけなさい』と言われていたら、果たして、あのように安心しておばあちゃんの世話ができたかしら……。

とても自信はありません」

と、鈴木さんは母親講座で目頭《めがしら》を押さえながら話された。

◇梅酒を三杯

「先生、ちょっと聞いてください。私、もうおばあちゃんに我慢できないのです。私のやること、みんな気にいらないで、『こうするの』と手を出すのです。嫌味たっぷりで……。私を嫌っていても孫娘は可愛《かわい》いようですが……」

「森川さん、あなたのように心の温かいやさしいお嫁さんをいじめる姑なんか、私は絶対許さない。おばあちゃんが百パーセント悪い！」と、私ははっきり言った。

「先生にそう言われると恥ずかしいのですが……実は私もおばあちゃんには冷たいのです。腹が立つから、おばあちゃんに気づかれないようにメガネをちょっとちがったところに置いたり、お風呂を熱くしたりして、仕返しをしてやるんです」

「おばあちゃんに変わってもらいたいのですね」

「もちろんです。おばあちゃんさえ変わってくれたら文句なしです」

「私の判断では、おばあちゃんは九〇パーセント悪い。その九〇パーセント悪いおばあちゃんに先に変わってもらおうと思っても無理なこと。あなたも、ちょっと意地悪をしているから一〇パーセントぐらいは悪いかな……」

「私、三〇パーセントぐらい悪いと思います」

「あなたが悪いと思っている、その三〇パーセントのみをおばあちゃんに謝ってみてください。あなたのほうが悪い度合いが少ないから謝りやすいのです。次の木曜日の講座までに必ず実行するのですよ」

と、私は念を押した。

「いやだなぁ、できるかしら……」と、彼女は首をかしげて帰っていった。

木曜日、講座に現われた森川さんの顔はとてもスッキリしている。

「先生に言われた通りおばあちゃんに謝りました」と次のように話してくれた。

今日は火曜日、次の次の日は講座の日。私は少しあせっていました。講座までにはなんとしてでもおばあちゃんに言わなければ。よし今日はっきりと言ってしまおう、と肚《はら》を決めました。

近所のスーパーへ行って夕食のために野菜や魚を買いました。そして、まわり道をしておばあちゃんの好きなお菓子も買いました。

台所で夕食の支度をしながら、おばあちゃんに何と言ったらいいかタイミングを考えていました。とてもしらふでは言えません。戸棚から梅酒を出して、コップに注ぎました。一杯目、まだまだ。二杯目、まだちょっと。三杯目、目がクルクル、どうにかきいてきた。ちょっと足がふらついたが急いでおばあちゃんの部屋へ行きました。

「おばあちゃん、ちょっと……」

「なーに」

「おばあちゃん、私、お嫁に来てから今日まで、おばあちゃんに意地悪したり、嫌味を言ったりしたけれど、ごめんなさい。いろいろ考えてみたけれど、やっぱりおばあちゃんが好きだから……。これ、食べてね」

さきほど買ったお菓子を、ちょっと目をふせながら渡しました。

「うん、うん、なるほど」と聞いていたおばあちゃんは、ちょっと照れくさそうに「ありがとう」と言ってくれました。

足早に私は台所にもどり夕食の支度の続きを始めましたが、心臓がドキドキしていて興奮状態。梅酒もすっかりきいてきました。

『自分ながらよくやった。すごい』と自分に言っていると、体の一部の何かが落ちたようにすっきりして、静かで大きな海のような気持ちになっています。こんな気持ちになったのは、ひょっとして生まれて初めてかもしれないとも思いました。

楽しい夕食のあと片付けも終わり、家計簿をつけるため二階の子ども部屋へ鉛筆をとりに行きました。

小学三年生の長女、美幸が机に向かって漢字の練習をしています。私がきたのに気がつくと「お母さん」と低い、ゆっくりした口調で呼びました。

「なーに」と、彼女の肩に手を置いてノートをのぞきこむと、

「お母さん、おばあちゃんに謝ったんだって、えらかったね。すごいじゃない。おばあちゃん、涙が出たって言ってたよ。お母さん、自分でも言ってよかったと思ったでしょう」

私はびっくりしてしまいました。胸がじ〜んと熱くなって、なんと言ってよ

いかわからず、「うん」と言ったまま声も出ませんでした。

美幸にほめてもらって私はとてもうれしかったのです。美幸が正義の使者、天使のように見えました。子どもって、結構、冷静な目で見ているのだなあとつくづく感心しました。

そして、ひと月がたち、森川さんから手紙が来た。それにはこう書いてあった。

〝あれから、おばあちゃんはすっかり変わりました。子どもや私のすることに口を出さなくなり、家の中がとてもおだやかになりました。そして、食事のあと片付けや洗濯、掃除などおばあちゃんの気が付いたことは積極的に手伝ってくれてニコニコしています。私も気持ちがとても楽になりました。言葉の大切さをしみじみ感じているこの頃です〟と。

◇ボケ、で身を護ったおばあちゃん

もう二十数年も前のこと。ある勉強会で私の隣の席に座った上品なおばあちゃんと仲良くなった。

けれど、その後、彼女は関西へ引っ越されたので疎遠《そえん》になってしまった。

十数年が過ぎ、そのおばあちゃんをすっかり忘れかけていたころ、風の便りでおばあちゃんが病気だと知り、九州からの帰途、大阪駅で下車し、見舞いに行ったのである。

四十五歳ぐらいの若奥様が玄関で、「わざわざどうも。おばあちゃんはボケがひどくて私はどこへも出られませんの。さあ、こちらへどうぞ」と、初対面の私にグチっぽく言われた。

そして、おばあちゃんをちらっと見て、「おばあちゃん、来ないで！　おばあちゃんの部屋はあっち！　さぁ、あっちへ行って！　お客さんよ」と、トゲトゲしい声で追いたてられた。

温かさ、やさしさのカケラもない。おばあちゃんをまるで邪魔もの扱い。

ドアを閉め、私はおばあちゃんの部屋に入った。おばあちゃんとふたりきり。驚いたことにおばあちゃんの目はだんだん輝きをとりもどして、しっかりした顔に変わった。

ちっともボケてはいない。私の話すことは全部わかるし、私に人生のアドバイスもされるのである。

針のむしろのような家の中。きつくて冷たい家族に対して、おばあちゃんはひとりぼっちでボケを武器に身を護《まも》っていたのだった。

高級住宅地の大きな屋敷。お金はたくさんありそう。

でも、中は乾いた砂漠《さばく》のよう。サソリのような人ばかりが住んでいる。人生の終着駅も、もう間近。自分の気持ちを誰もわかってくれない可哀相《かわいそう》なおばあちゃん。

「また来てくださいね」

「お大事にね、きっと来ますから……」

私はやせ細った手を握った。冷たかった。

「さようなら」

玄関で別れたのが最後であった。

目に涙が光っていた。おばあちゃんの細くなった顔。今も忘れられない。

◇否定的な言葉は使わない

四月の母親講座で勉強した岡田さんから次のような手紙が来た。

〝新潟にいる姉が、家族旅行をするので二週間、母を預かってほしいと言ってきました。

私の母は七十五歳、五年前ぐらいから認知症の症状があらわれ、最近では目が離せない状態のようです。その母が姉に連れられて上京することになりました。私は五人姉兄妹《きょうだい》の末っ子です。若かった頃の母は店をきりもりしていてとても忙しく、幼い私とゆっくり話した記憶もないのです。でも、この際、できるかぎり親孝行しようと心に決めました。

姉は母を連れてくると、すぐ新潟へ帰っていきました。母の目はうつろ。田舎なのか東京なのか、自分が今、どこにいるのかもわからない様子。二階からひとりでおりてこられない。トイレの場所を何回教えてもわからない。会話にならない会話。母は不安でたまらないようでした。

私は絶対母を否定するような言葉を使わないと決心していましたので、「さっき言ったよ」「何度も教えたのに、まだわからないの」というようなきつい言葉はいっさい使わず、その都度《つど》やさしく教えていましたら、次第に元気をとりもどしました。

「あら、何度も聞いたようね。とうとう私バカになったかしらね」と言う母に、「私だって始終忘れるし、鍵《かぎ》や財布をどこに置いたかすぐ忘れてしまうのよ。お母さんはしっかりしているわよ。お母さんは何でもできて、美人で評判だった。私の自慢だったのよ」と言うと、母はうれしそうに笑いました。

姉夫婦に対するグチを母がこぼすと、私は母の味方になって、大いに憤慨《ふんがい》して、「許せない、本当に腹が立つ！」と、荒々しく言ってやりました。すると母はすっきりした表情で「でも、いいところもあるのよ」と逆に姉夫婦を庇《かば》うのでした。

母が洗濯物をたたんでくれたので、「ありがとう、さすがお母さん、きちんとたたんでくれて、大助かり。私なんて、いい加減よ」。

食事のあと片付けを手伝ってもらったときも、「ワァー、ありがとう、こんなにきれいになった。朝まで流しの中につけっぱなしよ、いつもは……」。

母の顔からどんどん曇《くも》りが消えていきました。母はふとんのカバーのほころびを見つけると、「針と糸をもってきて」と、驚いたことに針仕事を始めたのです。実際、母は針仕事がとても得意でしたが、この何年かは針をもったことがないと聞いていました。私は心配して針と糸を渡しながら見ていると、ほころびをあっという間に、きれいに繕《つくろ》ってしまいました。

「助かったわ。私、針仕事が大嫌いだから、もうそれ捨てようかと思っていたの」

「もったいないねえ、お母さんがやってあげるから繕いものはみんなもっておいで」

と、母はボタン付けから子どもたちのスカートの直しなど、次々に縫《ぬ》ってくれました。

最初のうちは、自分にできることはないかしらと、おどおどした表情でしたが、陽《ひ》だまりのなかで針仕事をする母の横顔は自信に満ちていました。

母によろこんでもらおうと思って、箱根、皇居、鎌倉、浅草、川崎大師など、いろいろなところへ母を連れて出かけました。しかし、母にとっては、観光よりも人に役立って感謝されるということが、心の中でものすごいプラスのエネルギーになり、それが母の頭の中のもやもやをスッキリさせたのだと思います。

「邪魔よ、あっちへ行って」「やってもらってもやり直し。何もしないで」などの排他的《はいた》な言葉、「何度言ったら覚えるの」といった責め言葉を、「ありがとう」の感謝の言葉や「大丈夫よ」と安心させる言葉に変えるだけで、母が固く閉ざしていた心は開いたのです。

良くも悪くもなるのはすべて言葉次第。

言葉の威力で親孝行をすることができました。そして、もっとうれしかったことは、主人が、私の顔がやさしくなった、と言ってくれたことです〟

◇人の欠点に触れないようにする

鯛《たい》を買ってきた。

きれいに洗ってから刺身を作る。内臓だけを見て、「この鯛は汚い」と、ケチをつけて捨てる人はいない。内臓はそっと捨てるもの。

人の欠点も同じこと。

他人とのつき合い方も、相手の長所とだけつき合えばよいのである。相手の欠点、短所に、お互いに触れなければ、相手を嫌ったり傷つけてしまうことはないのである。

相手が傷つきやすい子どもであればなおさらのこと。子どもは、欠点を指摘されると、冬の荒野に放り出されたような気持ちになってしまう。

家庭とは、温かいところである。温かい家庭とは、欠点をやさしくカバーしあえる場所のことである。

欠点は、カバーされると、スッと消えてゆく。

自分にとって　かけがえのない妻の欠点は見ずに
長所だけを発見し
その長所を言葉で妻に伝えることにしよう
自分にとって　かけがえのない夫の欠点は見ずに
長所だけを発見し
その長所を言葉で夫に伝えることにしよう
自分にとって　かけがえのない子どもの欠点は見ずに
長所だけを発見し
その長所を言葉で子どもに伝えることにしよう

どんなことがあっても、家族はお互いに、そのままを認め合うこと。すべてを受け入れ、味方になりきること。

温かい家庭、仲のよい夫婦、笑顔のある家庭からは、けっして横道にそれる子は出ないものである。

◇許そう　いたわろう　励まそう

許そう
　自分を
　家族を
　友人を
　　たとえ彼らを許したくないときも
いたわろう
　自分を
　家族を
　友人を
　　たとえ彼らをいたわりたくないときも
励まそう
　自分を

家族を
友人を
たとえ彼らを励ましたくないときも

◇感謝しよう　祈ろう

感謝しよう
　自分に
　家族に
　友人に
　　たとえ彼らに感謝したくないときも

祈ろう
　自分のために
　家族のために
　友人のために
　　たとえ彼らのために祈りたくないときも

◇人生は楽しく

欠点や短所があっても
いいではないか
泣いても　笑っても
たった一度の人生だ
神経を　太くして
生活は　楽しくやろう
知らぬまに　幸せがやってくる
悲しいときも
失意のときも
楽しいように　ふるまっていると
いつのまにか　幸せがやってくる
幸せの神は

笑顔に惹《ひ》かれてやってくる

第二章

あたたかい家庭をつくるために

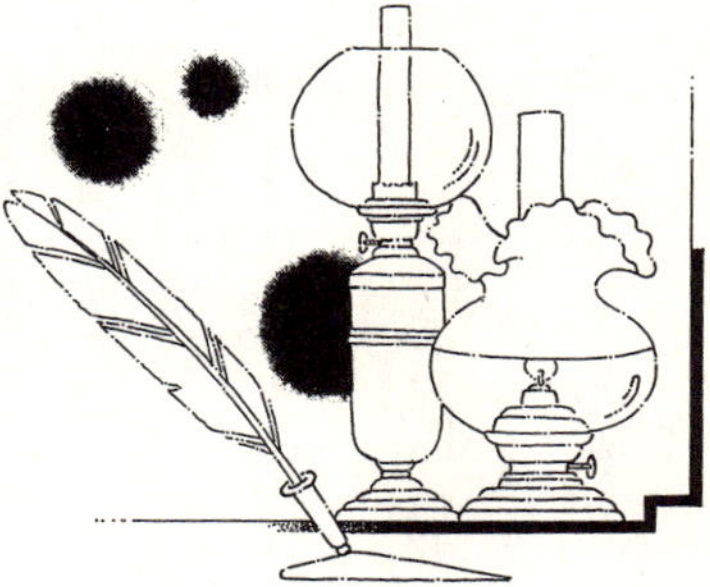

迷ったり、どうしてよいかわからなくなったときは、医者から、手遅れのガンで、あと一カ月しか生命がありませんと死の宣告を受けたと、真剣になって考えてみてください。

家族や友人たちに永遠の別れをする前に何をしておきたいかを真剣に考えて、それを紙に書いてください。仕事のこと、妻のこと、それに子どもをどうすればよいかがわかってくるでしょう。

私は、私の生命があと一カ月間だけとしたらどうするだろうかと考えてみました。すると不思議なことに、恨《うら》みや心の傷などのこだわりが無意味になり、心から消えてなくなりました。そして、もう一つ不思議なことは、家族に何かをしてもらいたいという気持ちが起こらなくなったことです。むしろ、家族を含めて、まわりの人びとの役に立ちたいと熱望しました。

私が生命ある限りやっておきたいことは、

●妻と二人で旅行をする。世話になった妻に恩返しをしたい。

●二人の息子たちに、やさしい激励の言葉をできる限り多く与える。兄弟が仲良く助け合うように。

●二人の息子たちが自分の人生を自分の力で切り拓《ひら》いて行けるような自立心をもつように助けておく。そのために、父親として自分の人生で最も大切だと思う考えや体験を話し、手紙に書いておく。

●お世話になった多くの方々に会って、心から感謝とお礼を述べておく。

このように考えてみてから、一日一日の大切さがよくわかり、今日を真剣に生きるようになりました。会う人びとに心を込めて話すようにもなり、私の人生の大きなプラスとなりました。

お父さんへ

妻を大切にする人は必ず出世します。人生の勝利者になることができます。夫婦仲のいい家庭から非行少年少女、心身症の大人や子どもは生まれません。

子どもにとって、他人から受けた心の傷よりも、夫婦仲の悪い両親から受けた心の傷のほうが、なかなか癒《いや》されないのです。世の中がどんなに悪くなり、教育現場が荒廃《こうはい》しても、家庭の中に許しとやすらぎ、温かさがあれば大丈夫です。子どもたちは家族という最強の味方を背中に感じて、世の中の荒波を勇敢《ゆうかん》に乗り切って前進します。

それは、職場環境が激変しているお父さんも同じことです。極言すれば、会社より家庭が頼りになるのです。家庭という最強の味方をもっていれば、お父さんも安心して仕事に打ち込むことができます。

家庭は砂漠《さばく》の中のオアシスと言えるところで、その家庭は、お父さんとお母さんの二人三脚で支えられています。お父さんとお母さんが堅《かた》く結ばれている紐《ひも》は、やさしさという材料でできています。

お母さんは、金銭的な貧しさには十分耐えられますが、お父さんの冷たい態度や言葉には耐えられません。なぜなら、人間は孤独や不安に陥《おちい》ると、気が変になってしまうからです。

夫婦はお互いの態度を映す鏡です。「うちの女房は、近ごろ、きつくなった」と思っているお父さん。それは、お父さんの思いやり不足です。やさしくなってください。そのやさしくなった気持ちを、言葉と態度で必ずお母さんに伝えてください。黙《だま》っていてはわからないのです。

私は転職などで、たびたび苦い経験をしました。どちらの方向に進んだらよいか迷いましたが、妻に助けられて今日を迎えています。

夫として、妻にどのように接したらよいか、私のささやかな体験と、父親講座に参加されたお父さんたちの報告などを基にして書いてみました。

1　妻が夫に対して思っていることは、たとえ馬鹿《ばか》げたことでも気がねなく自由に話せることが大切。だから、家庭で殿さまのように威張《いば》らないこと。

夫は、大きな耳、楽しい口、やさしい目で熱心に聴くこと。そして、家庭内のことは、妻を完全に信用して、まかせること。こちらからいっさい、口出ししない。妻から相談されれば熱心に協力すること。

2　妻の欠点、短所、嫌な性格および過去の失敗、古傷には絶対さわらない、言わない、つつかない。

妻のよい点や苦労していることを、子どもに話して聞かせる。陰で妻をほめる。

3　妻にいい格好を見せることをやめる。

つっぱるのをやめ、肩の力を抜いてリラックスすること。弱ければ弱いお父さんでいい。ありのまま表も裏も見せ、自然の姿で生きること。職場の苦労や、嫌《いや》なこと、失敗したことなど妻に話して慰《なぐさ》めてもらうこと。もちろん、うれしいことも話す。

4　妻の忠告に対しては「ごもっとも、ごもっとも」と言って、心を込めて聞くこと。決して言い訳や反論をしない。的はずれの場合は気にせず、文句も言わず熱心に聞いているふりをして聞き流すこと。的を射《い》ていれば、まず、その言葉に感心して感謝の言葉を述べ、まず受け入れること。「お前がいるから、たすかるんだよ」と、妻に聞こえるようにときどきつぶやくこと。

5　大切な手紙や原稿を書いたら、必ず、妻に読んでもらって助言を得る。妻の助言がよければ、よろこんで訂正する。私の場合、妻が手を入れると原稿が光ってくる。

6　妻の長所やよい点は、ときどきさりげなくほめる。また、何かの機会があったら最大限にほめる。

「おはよう」「ただいま」「おやすみ」「ありがとう」は、自分から先に言う。妻や子どもがそれに応じなくても文句は言わない。

7　食卓では、「いただきます」「おいしい」「ごちそうさま」を、必ず言う。

妻と一緒にデパートに行ったら〝忍〟の一字に徹すること。イライラしない。皮肉や文句は決して言わない。買い物にケチをつけない、むしろ、ほめること。

8　家庭内の大切な出来ごと、友人、上司への贈り物、家の購入、家の設計、他人や親戚《しんせき》との金の貸し借りは妻と相談する。銀行との交渉などには、必ず妻を同伴する。そして、妻と一緒に決める。妻が反対する場合はやらないこと。

9 友人を家庭に招待する場合、必ず、前もって妻の了解を得ておく。妻の了解がない場合は、たとえ親しい友人といえども断る。重大な理由がない場合、夜遅く友人や部下を家庭に連れてこない。

10 夫として妻に対して、次の言葉をいつも忘れずに告げる。またはそれを意味する言葉でいい。
「ボクは君が好きだ」「君はボクの宝ものだ」「どんなことがあっても、ボクは君と子どもたちの味方だ」

そして、疲れている妻は特にいたわってやさしくする。決して無理な要求をしないこと。

11 妻の誕生日には子どもたちと協力して、手づくり表彰状とプレゼントを贈る。

12 実母と同居している場合は、全面的に妻の味方をする。決して母親の味方をしない。そうすれば妻は母に我慢できるし、やさしさも演技できる。

13 毎月給料日は、できるかぎり早く帰宅して家族と夕食を共にすること。その食卓で、お母さんの努力に感謝の言葉を述べる。子どもたちにも激励の言葉をかける。妻や子どもたちが味方になってくれれば、お父さんは強くなります。

これからは妻や子どもたちを味方にするために、心や時間を使う人が人生の勝者になり出世します。

また、時間を作って私の主宰《しゅさい》している父親講座にもぜひ参加してみてください。

お母さんへ

お母さんはお父さんと結婚して家庭を作りました。今までよくがんばってきました。足を棒にして五円でも安いものを探して家計を助け、お父さんのお小《こ》遣《づか》いが増えるように工夫しています。心を込めてお父さんや子どもたちの好きな夕食を準備してきました。身も心も綿のように疲れているのに、突然、夜中に他人を連れて帰ってくるお父さん。嫌な顔ひとつせず、お酒の用意をしたのです。お父さんの無理なわがままにも文句を言わずに従っています。子どもの熱が下がらないので夜通し冷やしたりして看病したこともたびたびあります。子どもが成長するにつれて教育費は増えるばかり、お父さんの給料だけでは足りません。〝なんとかしなければ〟そう思ってパートタイムで働きにも出ています。

こんなに一生懸命に家のことをやっていても、主人としっくりいかないのは私のどこが悪いのかしら……。子どもがやる気を出さないのは、私のやり方がまずいのかしら……。不安と自責の念でよたよたと歩きつづけているお母さん。

ロサンゼルス・オリンピックの女子マラソンで三十九歳のアンデルセン選手が最後に、よろめきながらゴールインしました。その姿に感動した大観衆。万雷《ばんらい》の拍手がいつまでも広いコロシアムに響き渡りました。テレビでその様子を見ていた世界中の人々が彼女に特別金メダルを贈りたいと思ったことは言うまでもありません。

母親講座の講師をしている私の目には講座に参加されているお母さんの姿が、ゴールインするアンデルセン選手の姿に重なって見えます。私は全国のお母さん一人ひとりにアンデルセン選手と同じように努力賞として特別金メダルをさしあげたいと思っています。

夫や子どもの状態が不満足であっても、決して自分を責めないでください。一生懸命努力したのです。世の中には、自分ではどうすることもできないことがいっぱいあります。それを自分のせいにし、罪悪感をもって自分で自分を責めはじめると、心がカラカラに乾いてしまいます。自分が悪いと反省する必要はさらさらありません。開き直ってください。もし、悪いと気づいたら、そのことだけを瞬間的に改めればよいのです。反省する必要がある場合、さっさと「百分の一秒」反省しましょう。そして、相手と自分をよいように解釈《かいしゃく》して忘れ去ってください。悪く解釈すると忘れられなくなります。

全国のお母さん、もっと自分を温かく、いたわってください。自分が自分の味方になるのです。精いっぱいやってきた自分の努力に百点満点をつけ、輝く金メダルを首にかけ、自信をもってこれからの人生をあせらず肩の力を抜いて歩んでください。まわりが幸せに見えてきます。

「自分は主人や子どもに対して、ちょっときつ過ぎるかな」と気づいているお母さん、やさしくなってください。理由があってやさしくなれないお母さん、やさしい演技だけでもやってみてください。家族一人ひとりの味方になってください。家の中が変わってきます。

1　疲れて寝ていて、夫が寄って来たときは、やさしさを演技しながら受け入れてあげてください。決して冷たい拒否の態度はとらないこと。

2　ヘソクリをこっそり貯《た》めることもおすすめします。そうすると夫へのやさしさが生まれ、家事がとても楽になります。
私は女性を尊敬しています。家族が病気をしたり、何かあったとき、せっせと貯めたヘソクリを惜しげも無くよろこんで出している姿をたびたび見ているからです。

3　お父さんの誕生日には子どもたちと協力して手づくり表彰状とプレゼントを贈る。

4　毎月お父さんの給料日を感謝の日とする。お父さんに早く帰宅してもらい家族全員で夕食をする。その際、お母さん、子どもたち一人ひとりお父さんに感謝の言葉を述べる。

お母さん、忙しいでしょうが時間をつくってぜひ母親講座に参加してみてください。心が安定し、自信がつくので、気品のある美しいレディに変身できます。

私は、母親講座、父親講座で多くのお父さん、お母さんと話し合いをしました。そして痛切に感じたことがひとつあります。

男性は三十代から四十代前半に、大病するか、会社で左遷《させん》されるか、少なくとも一度は不幸な目にあうことが必要です。そうすれば、妻の隠れた能力、素晴らしさを発見し、その不遇《ふぐう》な経験により妻を大切にするようになります。

妻を大切にすることが、幸せで健全な家庭を築く基礎です。

お父さん、たった一度でいい、日曜日にゴルフに行くのをやめてください。また、いま読んでいる本を横に置いて、押し入れの奥から古いアルバムを取り出して、ほこりを払いながら結婚前後の写真、子どもたちを授かったあのころの写真を見てください。

お母さんと紅茶を飲みながら語るひとときを、ぜひもってください。

お互いに信じること、許すこと、いたわることを心がけましょう。

〝やさしさ〟こそは〝いのち〟です。

悲しみは、妻と分かち合えば半減します。よろこびは、妻と分かち合えば倍増します。

おわりに

『そのままの自分でいい。そのままの自分で百点満点だ』
ということを発見してから、私の気持ちもスカッとなり、幸せいっぱいです。

自己否定していて、自分をあれこれ弄《いじ》りまわしていたとき買った『人生論』『般若心経《はんにゃしんぎょう》・歎異抄《たんにしょう》解説』『座禅《ざぜん》入門』『催眠《さいみん》術』等の哲学・心理学書などが、今では本棚に埃《ほこり》をかぶって並んでいます。

自己を百パーセント肯定すると、誰でも人生の諸問題についての根本的解決の鍵《かぎ》がわかってきます。したがって、私たちは社会人としての次の五項目さえきちんと守っていれば、別に自分がいい人間かどうかなど余計な心配をしたり、不安になったりすることはありません。安心して前向きに積極的に生きていきましょう。

一、法律を守る。

二、税金を支払う。

三、他人に迷惑のかかることはしない。他人に世話になったら電話か手紙で必ずお礼の言葉を述べておく。

四、経済的に自己を確立する。

五、経済的、時間的余裕があれば、よろこんで社会奉仕をする。

ある人が私に書いてくださった感想を紹介しましょう。

そのままの自分でいい、そのままの自分で百点満点！　なんて、心の救われる言葉でしょう！　劣等感で悩んできた私に安心感を与えてくれました。

自転車のペダルを漕《こ》いでいるとき、家の掃除をしているときなど、自然にこの言葉が口をついて出てきます。

「私は私でいいのだ！」と。

こんな当たり前なことが私にはわかっていなかったのです。

子どもにも言ってあげたい。

「そのままで、いいのよ」と。

原稿についての助言、文章の細かいチェックを深夜までも労をいとわずやってくれました妻康子と、ＰＨＰ研究所の宇佐美あけみさんの全面的な協力がなかったら本書の刊行はできなかったと思います。

ありがとうございました。

山崎　房一

著者紹介
山崎　房一（やまざき　ふさいち）
昭和元年山口県に生まれる。昭和24年MRA（道徳再武装運動）に参加、ロンドンに学ぶ。昭和36年日立造船を経て、昭和47年陽光学院創立。昭和57年母親心理学訓練講座開講。同年、新家庭教育協会創立、理事長就任。社団法人国際MRA日本協会（本部スイス）理事。平成５年６月逝去。主な著書に、『ガミガミをやめれば子どもは伸びる』『どんどんほめればグングン伸びる』『お母さんのガミガミが子どもをダメにする』『心が軽くなる本』（以上、PHP研究所）ほか多数。

この作品は、1997年８月にＰＨＰ文庫から刊行された『心がやすらぐ魔法のことば』を改版し、加筆・修正したものである。

PHP文庫　新装版
心がやすらぐ魔法のことば

2019年12月13日　第1版第1刷

著　者　山崎房一
発行者　後藤淳一
発行所　株式会社ＰＨＰ研究所
東京本部　〒135-8137 江東区豊洲5-6-52
PHP文庫出版部　☎03-3520-9617(編集)
普及部　☎03-3520-9630(販売)
京都本部　〒601-8411 京都市南区西九条北ノ内町11
PHP INTERFACE　https://www.php.co.jp/
組　版　朝日メディアインターナショナル株式会社
印刷所
製本所　図書印刷株式会社

ISBN978-4-569-76974-5

幸せのありか

渡辺和子 著

幸せは、探しに行って見つけるものではなく、私の心が決めるもの、私とともにあるものなのです――シスターが遺してくれた人生の指針。

定価 本体六二〇円（税別）

とんでもなく面白い『古事記』

斎藤英喜 監修

『古事記』には、神様同士の大ゲンカから兄妹恋愛まで、トンデモない事件が満載だった!! 漫画入りで、楽しくわかる日本の始まり。

定価 本体五九〇円（税別）

PHP文庫好評既刊

滑稽・人情・艶笑・怪談……

古典落語100席

立川志の輔 選・監修／PHP研究所 編

夫婦愛、親子愛、隣近所の心のふれ合い。人気落語家の立川志の輔が庶民が織りなす笑いのドラマ100を厳選。古典落語入門の決定版。

定価 本体四九五円（税別）